ホワイトイーグル霊言集

人類の秘庫を開く

White Eagle

グレース・クック
桑原啓善 訳

新装版発行にあたって

ホワイト・イーグルは「人は神の息子・娘」と繰り返しました。「人は動物」（ダーウィン進化論）を否定しました。一九七九年に霊示を終えたホワイト・イーグルは今、不死鳥となり地球を巡ります。全地球人の神の子復帰を伝えるために。

桑原啓善（二〇〇九年）

※本書は一九八六年（潮文社）発行の新装版です。

訳者序

私共は人類史上ただ一度の一大ショーを見る好運（悲運）に生まれ合わせています。核戦争・生態系破壊・人心荒廃・飢餓、どの一つをとっても、人類は今世紀のあと残す十五年の間に恐らく滅亡するでしょう。さもなくば、起死回生の文明の一大転換が起こり、夢想もできぬ新時代に突入するでしょう。

今日ほど、人類滅亡の予言、終末のささやきが地上に満ちている時代はありません。また、その反面、今日ほど新時代を迎えるための、霊示が湧き起こっている時もありません。曰く、モーゼスの『霊訓』、カーデックの『霊の書』、シルバー・バーチの『霊言集』、そしてこのホワイト・イーグルからの霊示などです。

本書は、イギリスの霊能者グレース・クック女史が、ホワイト・イーグル霊から受信した霊示の最初の三部作“Morning Light”“Sunrise”“Golden Harvest”の訳です。

ホワイト・イーグルとは仮名で、その正体は聖ヨハネ、即ち、イエス・キリストの十二弟子の一人で、また新約聖書ヨハネ伝の筆者とも言われています。ホワイト・イーグルは大ホワイト霊団に所属しています。

ホワイト霊団とは、クック女史によると、次のようなものらしいのです。この霊団は、他界にある高級諸霊と、地上で人間に働きかける諸霊と、即ち顕幽両界にわたる一大組織から成っている。上方は遥か神界の彼方に及び、下方、その啓示を人間に伝える役割をしているのがホワイト・イーグル霊である。この霊団の使命は、神の啓示を人類に、各時代を通じまた各民族に、伝達することであった。それは従来から、主として神秘主義的な集団を通じて人類に伝えられてきた。例えば霊性開発の秘法、真理発見の法など、古代の知恵の遺産という形をとってきた。本書は、新たに、心霊研究の学徒を対象に伝えられたものである。「ホワイト・イーグルは、極めて高い意識の段階から語りかけてきます。威厳に満ち、しかも終始静かで謙虚です。柔和で輝きに満ち、その神聖そのものの雰囲気は、とても印刷をもってしては、その片鱗すらお伝えすることは出来ません」と。

いったいどこが、新時代のための霊示なのでしょうか。真理に背いて破滅に向きあっている人類にとっては、真理そのものが新時代のための啓示です。シルバー・バーチ等と同じように、人間の実体を霊、即ち神の火花としている点は全く同様です。この霊性を、自己の上に、また人間生活全面の上に顕現すること、これが人間のあるべき姿、即ち新しい時代の文明の姿です。

バーチは、この霊性顕現の道を、人間同胞の真相に立って、〈奉仕〉に求めます。ホワイト・イーグルも全く同様です。ただ、バーチがこの事を、人間の理性に向かって訴えるのに対し、イーグルは熱い信仰心に向かって訴えます。この点、いかにも聖ヨハネの特質がうかがえます。と申しても、一切の宗派宗教とは無縁です。

結論として、ホワイト・イーグルは、人間が此の世に生を享《う》けた目的は、自己が神性を発現して聖化することによって、地上の一切の生物・物質、ひいては地球全体を聖化するという人間の大使命があることを指摘しています。そのための方法を説いたのが本書です。いかがですか、このことと現在の人間の生活とがいかに裏腹であるか。人間の物質的な幸福のためだけに結晶されているのが、人間の文明です。いかがですか、新時代の方向が見えてきたでしょうか。この不可能を可能とする、単純な方法の道がここに示されており、人類に、あと残された十五年間に、その決断を求めています。

読者が、人類の一大ショーの、まさか破滅への助力をなさることはあるまいが、本書を読まれて、単に傍観者としてとどまられるか、それとも、この一大ショーの演者として登場なさるか、ここは皆さんの決断のしどころです。

書中に、しばしば〈キリスト〉という言葉が出てきますが、これは二〇〇〇年前のイエスとははっきり区別されています。〈神霊〉の意味で使っています。それはまた人間に内在する〈神性〉でもあるのです。もっとこまかく申しますと、究極の大神霊の一つの表現体である太陽神霊、それが〈キリスト〉で、人間はその火花を真の〈自我〉としているわけです。通信霊はイエスの弟子聖ヨハネですが、内容はキリスト教とは無縁です。

目次

第二部　日の出

第三部　黄金の実り

四章　受　容

カバー原画　熊谷直人

第一部　暁の光

Morning Light

一章　曙光

私共は死の彼方、霊の世界より、下って来ました。地上に平和と癒しと慰めを与えるために。この通信に耳傾ける者は、必ずや、今日の混迷した諸問題の解答を見出すことになるでしょう。現下の地上は余りに騒がしすぎ、人心は不安と不信と憎悪に満ちています。そこにあるのはただ迷いだけです。人々は万事を、知性かさもなくば物質の力で解決できると思いこみ、一向に英知の本源に目を向けようとしておりません。

人々が悩んでいる問題の回答は、すべて神の心の中にあります。人がもし思いきって自己を捨て、神の心に触れるなら、たちどころにその解答を握ることになるでしょう。我々の通信の意図は、実にこの点にあります。

既に何度も述べたように、人間とは肉体であるとともに、また霊的な存在であるということ、この自覚を決して忘れてはいけません。この自覚に立ち、一日も早く霊性を開顕すること、これより肝要なことはありません。世上には多くの教えがあります。その教えの中の教え、真理の中の真理、それは霊性についての自覚です。貴方の内部には、この霊性があります。貴方の地上生誕の目的、それは実にこの霊性の開顕であります。この霊性こそ真実の神の子、キリスト、但し、地上生活中は、それは肉体その他の媒体に包まれて隠されてはいますが。

人は問題を解決するにあたり、唯物的な見地からのみこれを考えようとします。ここに不安の源泉があります。やがて来たるべき新時代には、人類は霊的物質的両面で、大きな飛躍を遂げるでしょう。既に多数の魂が、意識的にまた無意識的に、新時代の開拓者となるため、続々地上に生まれてきています。だから、かりに貴方の人生が名もなく賤しくても、貴方には貴方でなければ果たせない使命があるのです。即ち、貴方が今日地上にあるのは、ただ自己の霊性開発のためだけでなく、特殊の目的、つまり来たるべき新時代を開拓する者の使命、このためでもあります。

人がもし、自分の成長発展だけに心を奪われず、進んで他者への奉仕につとめるなら、自然に人格は高まり、内在の神性も開顕されます。人がもし、霊的法則に気付きこれに従うなら、自然に道は開かれます。その道は既にその者のためしつらえられていた道です。いつか天使も近付き、人はこれに歩みよって語ります。但し、心にとめてもらいたい事は、天使は天使を知り、神は神を知るということです。従って、人が内在の神性を開発しない限り、人は天使も神の存在も知ることはありません。

真理は貴方の内部

個人的問題にしろ世界の問題にしろ、その回答を求めるなら、静かに黙って、内心の静寂につとめなさい。微動だにしない湖水、それが貴方の魂です。もし魂が静寂を保てば、内在の神意が発動し、湖水に映る光のように、魂の水面に、真理が素直に映るものです。静寂を守れ、自己神性を自覚せよ。人が独りで神の前に立つ時、神は語りかけます。人は自己の魂の面に映る真理を見るのです。もし人が素直でなく、我意によって解答を求めるなら、その答えは歪んだものとなります。波たつ湖水の影が歪むように、心が平和でない者の答えは常にこれであります。

人間の魂は不思議な器械です。思いのままに、沢山の放送局に波長が合わせられる受信器です。あるいは欲望と不安うずまく暗い幽界に、あるいはすべての生活が神の美の表現である境域へ、もし望むなら、太陽系の他の諸天体へまでも。人間とはまことに、天馬の羽を授けられた生きものです。しかし、これを使いこなすには、先ず羽のひらき方、無辺の美の世界へ参入する法を学ばねばならないのです。

　祈っている時、また心に神を思っている時、ふと清らかな波長に触れ、素朴な幸福感にひたることがあります。このような清浄感は心の強さとか知力とは関係ありません。ただ上方に目を向けた純粋な喜びの心情、これにかかわっています。神の子たるもの、常にこの喜びの心情に生きねばなりません。人がもしこの喜びの秘密に気付き、生活にこれをとり入れるなら、その心持ちも容貌も一変するに至るでしょう。

　自分のことを顧慮することなく、心の喜びのために、純粋な善のために、生きぬく魂は、人類に対してどんなに大きな恵みを与えていることでしょう。彼は正しい事を愛するがゆえに正しい事をするのです。内在の霊の生命である喜びの心は、善をなすことのほかに、自己を表現する方法を知らないのです。

個人の行なう一つ一つの善だけが人類を救うのです。この善なくして、人類の未来はありません。ひたすら善に生き、善をなし、善でありたいと願う人は、人類の未来にははかりしれない贈りものをしているのです。しかし、善をなすことの難しさ、まして、善のために善をなすことの。しかし重ねて強調したい、人が内在の喜びと静寂への道を歩み、生活の一つ一つに善を表現できたら、その人の人類の幸福への貢献は、本人の力を超えてはかりしれないものがあるのです。

イエスの生涯はまさにその好例でした。彼の内心の喜びと善によって、彼の身体からは、天界の霊光が放出したのです。この事はイエスに限りません。

偉大な人物なら誰にでも出来る事です。ヨガの行者達は、既にこの幸福の原理を発見しています。彼等は人類に奉仕するに当たって、別に走り廻ることをしない、神聖な霊光を、みずから進んで放出し続けているのです。

人類の大下降

貴方がこれから辿る旅は長い、貴方がこれまで辿って来た旅も長いのです。人は神からほとばしり出た火花、無意識のまま、内に神性を宿して神から出た火花です。その火花は幾多の目に見えぬ生命の境域を、現在の人間になるまで下降しました――下降につぐ下降、魂は次第に鈍重な衣を身にまといつつ、とうとう最後に、見たことも聞いたこともない重い衣を身に付けてしまいました――それは肉体、そして彼をとりまく物的環境、こうして彼は地面に頭を低く垂れてしまったのです。

地球の実質そのものも、波長を下げながら、凝固しつづけ、今や人間の魂や霊と共に、地球そのものも下降の輪の底に到達してしまったのです。

地球には現在、成長した魂もあり、再び上昇過程に向かっていますが、多数は依然として、下降物質化の過程を辿っています。これを思う時、我々は寛容と忍耐の必要を覚えるのです。

人類は下降過程の間に、幾多の意識の世界を経て来ています。その間、今日では夢想だに出来ない美と調和の状態で住んでいたことがあります。アトランティス大陸や古代物語の起源はそこにあります。その頃の人間の媒体は軽く精妙で、魂もまたエデンの園にあるように、清らかで喜びに満ちていました。人々は幼児のように神と交わり、天国の記憶をまだ残していました。

初め人間は聖の聖なる処、即ち、愛と知と力の子宮より生まれました。その頃の人間の魂は、汚れなく純潔そのものでした。しかし、現在の人間は、自己の弱さを克服し、物質を克服し、最後にすべての物を克服することを運命として担っています。これが地上に生を享けたことの意味です。

こう考えると、世界を肩に背負ったアトラスの物語も、大いに意味があります。あれは世界の重荷を肩に背負う人間の魂の姿を画いたものです。その重荷は一人一人の肩の上に置かれています。その重荷は次第に重さを増し、進化の輪の底に至って、ついに魂は重みにうちひしがれてしまいました。その時、魂は故里である美と真実の世界を忘れ去ったように見えます。それこそ、彼が終局において帰って行かねばならない処なのに。

世界の現状は、再び、人間の内にひそむ内的善に向かい、挑戦する状況に入っています。この内的善の刺戟で、人間は顔を天の光の方へ向けるのです。宇宙の一切の秘密は、なお、人間の内部に隠されたまま、彼がその扉を開く日を待っています。

二章　光の神秘

人はなぜ、平和な天界を捨てて、地上へ生まれねばならなかったのでしょう。またなぜもう一度、個々の魂の苦闘努力によって、天界へ戻って行かねばならないのでしょう。この苦しみと束縛の理由さえ判ったら、人生に弾みも新たな目標も生まれてくるだろうと、皆さんは思ったりしている。

当然のことながら、人間の魂が神の息吹きから生まれ、しかも暗黒の地上へ降下していくには、そこに神の大きな目的があったのです。神の子、人間、その霊性進化のためにしつらえられた神の計画、ついにそれを垣間見る日も来よう。その時、人は再び天界の縁辺に触れるまでに成長していて、平和と我慢の日々が続いていているでしょう。人間の魂に向けられる神愛の深さは、地上の想像を超えていて、とてもここで述べられるものではありません。逆説的に申せば、神はその愛のゆえに、小さな一片の火花である人間を長い旅に出された、と申すべきか。

もし魂が鈍重な物質の中に下降しないとしたらどうでしょう。魂は自己を知ることもなく、内在の力に気付くこともなく、ついには自己神性を悟る時もないでしょう。ここに地上出生の意味を汲みとって頂きたい。ちょうど一粒の種子が地中に播かれ、雨と熱で発芽するように、魂も暗い土の中で目を開くのです。その受ける苦しみ、圧迫と悪、これらに抗しながら、魂は無自覚から自覚へと進んでいきます。こうして多年の辛酸を経て、人は物質の主となり、自己の主となり、ついには神を知る者となるのです。

人はこの地上生活中に、自己の肉体と感情両面の弱さを克服しなければなりません。これは人間の義務です、それが地上降下の目的ですから。こうして人間が自己の主となる時、ついには自由が生まれ、神的意識に満たされ、地上に在りながら、神と一つに結んだ者となります。

神は宇宙の芸術家です。その御手の中に一大計画が握られています。その計画の美事さ精巧さ。人は辛抱して神に信を置く者とならねばなりません。

生命は法則に支配される

人生の不公正に思い悩むことがあったら、信念をもって、人生はすべて神愛と神法によって支配されていることを思いなさい。此の世には不要なもの、でたらめなものは何一つありません。貴方の不公正、そのように見えるのは、貴方がこれから、自分の過去未来を見通す視力を開かねばならない、そういうことです。貴方には至妙の神法の働きが分からない、貴方の目には自分に働く見えない力が見えていない。まことに父なる神の王冠の宝石である貴方、その置かれている立場が一向に判っていない。

喜びといい苦しみといい、自分が招いたものを、誰しも避けることは出来ません。人間とは磁石のようなものです。それも、自分自身を自分に引き付ける磁石です。これは不可避の法です。つまり自分がいつも考えていること、自分が常に行なっている事、それと全く同じものを引き寄せているのです。

このように人生は公正無私の法で支配されている以上、人生に不公正があろう筈がありません。皆さんがどんなに疑おうと、他日、目が開かれた時、はっきりと知ります。人生のどんな一つも、自分の魂に影響を与えその目を開くためにあると、また、一切が貴方を神の子として完成させるためにあるということを。古い灰の中から、新しい人生が生まれるのです。不死鳥のシンボルはこれを示しています。古代象徴学では、この神秘の鳥はホワイト・イーグルと呼ばれていました。

完全人、霊師の魂は、その輝き至妙にして目を奪うものがあります。皆さんはいわば胎児です。このことを思いやる時、貴方の人生がいかに尊いか、お分かりになりましょう。

奇蹟について

イエスや古代の覚者が行なった奇蹟の数々を、皆さんはご承知のことでしょう。また皆さんの人生にも、奇蹟と呼べるものがあること、これもご承知のとおりです。そうです、奇蹟は存在します。「太初に奇蹟ありき。その如く今日もあり、また明日もあるべし。」奇蹟とは光のもつ力の現われです。この聖光がどのように働きどのように闇を統御するか、これが判ったら、奇蹟がなぜ起こるか、どのようにして起こるかが理解できるに至るでしょう。

覚者は物質の制約を超えています。彼はエーテルと、地水風火を自由に支配できます。たとえば、旧約聖書の三人の預言者は火中を歩きました。東洋には、現に火中を歩く者達がいます。唯物論者はこれを詐術呼ばわりし、せいぜい自己催眠くらいに言っています。しかし現に、彼等は火の中を歩き、無傷なのです。彼等は肉体原子を支配できる段階にまで進歩しているのであって、原子を転換させつつ、熱が伝わらないようにしているのです。

水上を歩くのも全く同じ理屈です。イエスは自分で水上を歩いてみせただけでなく、弟子ペテロの波長を高め、水上を歩かせることも出来たのでした。しかし、ペテロの信が揺らぐと彼は沈み始め、主に救いを求めると、直ちに歩行が可能になりました。

これは、イエスが霊覚者の段階に達していたからで、彼は、普通人が肉体を固い塊と見るのに対し、光の合成物と見ていました。この思想があったから、イエスの肉体は軽くなり、水上を歩くことが出来たのです。

覚者の空中飛行も、東洋では珍しいことではありません。同様な事が、ロンドンでも、衆人環視の中で生起しています。まさか、と思う人もあるかもしれぬが、もし人が高い世界へ目を開くことが出来たら、覚者が意のままに肉体を移動させる法則が理解できるでしょう。

人間の身体には、物体を貫通する力が具わっています。イエスは申しました「私がすることを、貴方がたもなすべきである」と。イエスは、いま私共が述べている、全く同じ真理を、世に伝えるために出現したのでした。イエスを通じて、輝く霊光がなし得た事は、もし人が法則に従うなら、神の子である貴方がたすべてに実現可能なことです。

さて、この法則について一言しておきましょう。すべて生命には両面があります。陽と陰、建設と破壊、明と暗、善と悪。この両者は対立関係にあります。人はすべてその環境に反応して、動・反動いたします。これを実例で申しますと、真我である人の心は、真理を望み、真理を信じ、天界を、イエス・キリストを、神を信じます。幼児のように、まっすぐに、それが真実であることを感じ、知り、疑いません。ところが、人には反対の面があります。これは地上的な面で、人を堕落にひきいれ、今日信じたことも、明日は崩れてしまうのです。

人が地上に降下した目的は、地上の暗闇の中で、霊が光を発すること。人の霊とは、源初に光を放ったその光と同じものです。初源において、人は光でした。その光は暗闇の中で光を放ちました――その闇とは人の肉体です――地上はこの光を理解しませんでした。本質において、貴方は光です、光の子です。しかし、貴方の肉体は、いわゆる脳髄は、この光のことが分かりません。貴方は、真実の貴方は、いま、肉体と心を通して光を放つために、この二つの変質のために、此処《ここ》地上に居ます。霊が物質、肉体の統御を完成する時、奇蹟が起こります。物質原子の統御が出来るようになると、霊はどんな原子も意のままに使えるようになります。

以上の変化は、人間的な思想によって出来るものではない。人間の中にある清浄な霊的意識、完全な愛の目覚めによって可能となるのです。即ちそれは、「私は世の光である」と言った、人間内在の神性、キリストの目覚めです。それはまた申しました、「太初に言葉があった、言葉は神であった、言葉は神とともにあった」「また神は言われた、光あれと、すると光があった」と。光とは霊的に申せば生命のことです――人間の、あらゆるものの生命のこと。清浄な光は森羅万象の初めです。光は創造の力、万物の基礎です。貴方の身体を、霊的な目で見ますと、美しい光で造られた構造物です。

遠からず科学の進歩につれて、以上のことが明らかとなる時が来るでしょう。今日の段階でも科学は次のように言っています、物質は固いものではない――このことは古代の賢者達には既に分かっていたことですが――物質は実在とは言いきれない、東洋人がマヤ、即ち幻影と呼ぶものではなかろうかと。私共はこう考えています、電子と陽子からなる物質原子は、霊的な目で見ると、陽子の周りに光の分子があります。つまり物質原子の内部には、輝く光がある。この光なくして原子はあり得ない、また世界も存在しないということです。

以上で、簡単ですが、奇蹟の基本についてお話しました。奇蹟とは、人が内部の光を発現させた時起こるものです。この光とは、人の心を清く美しくするものであり、また肉体をもさし貫く実体です。この光は物質の内部にもひそんでいます。霊覚者はこの事実を知っており、奇蹟を起こしました。この光は物質を貫いて光ります、これを動かし、これに栄光を与えます。貴方もこれにより、神に栄光を輝かせるものとなります。

このことは、現在の貴方には力及ばぬことかもしれない、しかし、それが貴方の最後のゴールです。出来ないからといって逃げてはいけない。ひたすら神に近づこうとしなさい。神の光を貴方の全存在に満たしなさい。闇より光へ、地上より天界へと、向上を求めなさい。

重ねて一言しておきます。正しい考え、正しい生活、正しい感情と行為、また自分を裁いても決して他者を裁かない、これによって貴方の肉体原子は浄化されます。その時、貴方には想像を絶した意識の飛躍が起こり、幸福を見ます。それは現世において可能なことです。平和が貴方の心となり、その柔和で優雅な力によって、曲ったものも真っ直ぐになります。

奇蹟の物語には秘められた深い真理があります。それはイエスの教えの真相を画き出しています。聖書をよくお読みなさい。それから、身のまわりの人間生活を愛の目で見つめることをしなさい。天の無辺について思いをめぐらし、神を愛しなさい。また、内在の光に従い霊の道を歩みなさい。その時、貴方の目には天上の神秘の姿が見えてきます。貴方は奇蹟が生まれる真相を知る者となります。

三章　生命を放つ太陽

これから光の性質について語ることにします。「光」とは人間内在のキリストです。魂の内にあり、柔和と隠忍の神に似た性質を示すものです。それは希望であり、信頼であり、許しであり、思いやりであり、慎しみであり、寛容であり、また純粋な愛、これら神のごとき天質を宿すもの、これであります。

そのゆえに、私共は「愛は光なり、光は愛なり」と申します。

光の崇拝

昔、私共は穀類の播種は光との調和の下で行ないました。播種に先立ち、大神霊の恵みを祈念したわけです。これにより光を地中へ導き入れました。今の人々がこれをもう一度やるようになれば、身体のためにも魂のためにもずっと良いものが収穫されるようになります。

古代人達はこの真理をよく知っていました。光と愛は大地の力であるという真理を。彼等は光の崇拝のために、小さな集会をいとなんだり、盛大な祭りを致しました。初源の頃に、神人達が地上を訪れ、このことを教えてくれたのです。彼等はこう教えられました、光は人間の道を開いて下さる神の御心の顕れである、この光が最後には人間が帰り行く故里、神への道を教えてくれると。

祭礼に先立ち、人々は丘の上の彼等の素朴な宮の周りを、拍子をとり、歌を歌いながら、歩きまわりました。夜を徹して、人々は広大な敷地の宮の周りを、空の上、輝く無数の星の下を、歩きつづけました。彼等は知っていました、この崇拝は光の天使の指示によること、天使はこれを教えるために来たということ。そして彼等の多数にはその姿が見えたのでした。暁の始まる一瞬、群衆に沈黙が訪れます。曙光の一閃が射すや、いっせいにその光に向かい、大神霊への讃嘆、拝礼、感謝が始まります。新しい日を、美しい恵みの一日を与えられたことに対して。

現在、幾ばくの人が、日昇を見るために集まる時をもつでしょうか。幾人が、日の出の天使達の群れを、地上への祝福のため集まった輝く諸霊達の姿を、目にすることの出来る者達がいるでしょうか。殆どいないでしょう。しかし、古代人達は知っていました、日の出の時、自分達は生命創造の秘密に触れつつあることを、自己の全存在に、浄化と強化の太陽神の放射線を受容しつつあることを。

古代人の身体は、現代人の肉体よりも、精妙な波長をもっていました。それは、大自然の力、母なる神に同調していたからです。即ち、霊的な力や光に開かれた目をもっていたということです。

人間は自己の内部に光をもっていると言われます。これが人間ならば、人間とは何でしょう。間違いなく神の子です。その本性に従い、人は神に真実です。内在の光により彼は真実です。真実なものが人間です。真実なのは彼の目が見えているからです。視力は塞がれていず、歪んでいません。彼は真理を直視し、そして真理から新鮮な果を得て来ます。

この事から、私共は、「光」という言葉は真理の別名であるとしています。神は、いつの時代も、人間を無知のままに捨ておかれませんでした。神は、いつの時代も、使者を送り人間に真理を伝えさせられました。過去より現在にわたり、いずれの民族にも、光についての教えが何かしら存在します。それは北方浄土時代にもあったし、アンデス、ポリネシア、古代エジプト、極東の民の間にも、また、初期キリスト教時代にまでつづいて存在しました。

「光よ輝け」エジプトの高級神官はこう命じました。「火よ輝け」アンデスの高級司祭もこう祈念しました。アトランティスでも同じような呪言が、即ち「光よ燃えよ」と、太陽神殿の神官は祈りを始めるにあたり、こう言い放ちました。ギリシアの神殿でも同じ祈りが行なわれました。ギリシアでは、太陽の象徴である聖壇の火を守るために、神殿付きの聖火の乙女達がいました。もし火が消えたら、乙女達の命は召し上げられるのでした。

その後、太陽神性の降臨を見ます。いわゆるキリストです。キリストはイエスの口を通じてこう申しました。「私は世の光である」と。

キリストの光輝

死後、肉体は火で処置しますが、あれは肉体原子の転換です。言葉をかえて申せば、暗闇の原子の中に閉じ込められていた光が、解放されたということです。人の恐れる死とは、実際は、新しいものの始まりなのです。その時、大いなる光が魂の上にひろがり出ます。皆さん、肉体に閉じ込められていた魂が、豊かな生へと脱出することです。ゆめゆめ死は恐ろしいものだと思わぬように。神法により、その時が来れば、魂は脱出します。それによって、人は個性を失うことなく、神の不滅の光の、大意識へとおどり出ます。

さて、人が光の性質を理解しはじめ、光の放射を身に受けられるようになると、本人のキリスト意識が刺戟を受けます。それに感応するには、知的で人より賢明である必要はありません。肝心なことは素朴な愛――それがすべてです。

人が他者への愛や親切に生きるようになるにつれ、人生を愛し、日々を美しく生きるようになるにつれ、その人は光り輝きます。キリストが、その人から放射するからです。その時、愛がキリストの光を、魂の方へ引き出すからで、そのため、愛に満ちた魂は光り輝くのです。

暫時、イエスの顔、姿、表情、全体像を心に画いてごらんなさい。他の世界の師達の中にも、キリストの光をすぐれて表現した方達が居られました。しかし、イエス・キリストは、何と申しても、キリスト教団の偉大な救主でした。イエスに見られる神の風格、キリスト神性の純潔と美。まさにイエスはキリスト愛の表現者でした。キリストの愛、それは光なのですから。

次に、天界の姿を心に画いてみて下さい。貴方の想像でよろしいのです。

また、常に金色に光り輝く存在に思いを致してみて下さい。それは天使か？人か？　その姿は内面から光り輝いて見えるでしょう。それは放射光なのです。なぜ、上方世界から地上に来る霊達の姿は光明体に見えるのでしょう。なぜ、天界には光が満ち溢れているのでしょう。その真相は、生命とは光だからなのです。

聖書を読むと、古代の預言者や聖者が見た、天使の出現のことが書いてあります。パウロは大きな光に打たれて回心しました。ペテロを導くために、光り輝く姿の天使が現われました。イエスが三人の弟子をつれて山頂に立った時、大きな光が現われて、イエスの衣服も変容しました。

上記の物語は、誠実で真実な人達によって語られたことです。それはほんの昨日、人類史からすればわずか二〇〇〇年前の出来事です。皆さんは信じますか。これは今日なお生起しつつあることです。それもたえず生起しつつあります。何となれば、一切の物理的形式の背後には、光の姿で現われる、霊的生命力が存在しているからです。

重ねて強調します、「光とは生命です、生命とは光です」。人が、内に光を留めておくには、愛をもたねばなりません。愛と親切に満ちた人をごらんなさい。輝いて見えるでしょう。そうではない人達、その顔に愛が見えますか。愛をもたぬ者は、自己愛で一杯です。自己愛は魂の扉を閉ざします。その人の顔は暗くなります。その人の光が抑えられ、すっかり覆われてしまうからです。

光を輝かしなさい。光を外に放ちなさい。愛の姿勢で生きることをしなさい。そのとき、貴方の光は明々としんじつに燃え高まるのです。

健康の秘密

生命力は、光から出て、血管の中を通ります。ここに健康の秘密があるのですが、ご存知ですか。ですから、光を欠くことは、血液の流れに、ある要素を欠くことになり、これが不調・病気・衰弱の原因となります。イエスはこの秘密を知っていました。また、神である太陽から光を受け取る方法を知っていました。イエスは病者を癒すのに身体に触れる必要はなかったのです、彼は時空を超越していたからです。ローマの百人隊長が、召使いを癒して貰いたいとやって来た時、イエスは自分のオーラを伸ばし、光の波動を病者に注入して、これを癒しました。つまり、イエスは暗闇の中に光を入れ、闇を消滅させたわけです。

光は大地の要素の中にも注入されています。皆さんは大地を、暗黒で死んだものと思われるか。物質の要素の中には、光が存在するのです。

神はその生命を光として示し給う。この光が人間の肉体にいのちを与え、魂に永遠のいのちを与えているのです。従って、人間生命の真の目的は、光の発見、光の活用にあります。これが出来るとき、人間は神の太陽、神の子となるわけです。恐らく、皆さんは、これから辿る道のりは長いと、思っておられるでしょう。そのとおり私達の道も長い。しかし、今まで見てきたとおり、私共は知っています。生命とは本質において光である、完全な生命とは神の栄光であると。

耐えよ、前方を見よ、光から顔をそらしてはいけない。前進につぐ前進、耐え忍んで、信ふかく。愛、その光を貴方が放つほどに、貴方は受け取る。勇気を出せ、心くじけるな。もし貴方が悲しく苦しんでいるなら、私共は祈りましょう、皆さんが神の光と愛の働きをうけて、貴方の肉体にも、身の周りにも、奇蹟が起こりますようにと。これは法です。即ち、神は次のようにその子等を創り給うた。先ず自ら光を放つとき、光はその人の上にも、その人の身の周りにも働きを現わすと。

光に向かって顔を向けよ。光が影をうちこわし、貴方を自由にします。この自由こそ、心の平和・精神の平和、幸福、つきせぬ歓喜、物の豊饒です。

人が物質を超えて光を働かせる時代が、それを無私で、善のために実行できる時代が、近づきつつあります。

四章　生命である光

神は自らに似せて人間を創り給うたと、聖書に書いてあります。これは真理です。人間の有限の知をもってしても、神が全知全能で遍在し給うことは判ります。皆さんの中にも、自分の背後に秀れた知と愛が働いているとの経験をお持ちの方は多いでしょう。

勿論、物事は常に都合のいいようにばかりは参りません。これは困った、これではまるで意図と違うと、皆さんは思う。しかし、目がはっきり見えるようになれば、そうは思わなくなります。神法はつねに公正、真実、完全である、物事はいかに不本意に見えても、その背後には必ずこれを償って余りある何かがある、このことが判るようになります。

母親は危険な玩具は赤ん坊の手から取り放します。泣き叫ぶ子供に「ああ、よしよし、これを上げましょう」と、もっとためになる玩具を握らせます。人がしがみついていた過去の状況から離れるのもこの通りです。

右の例を貴方の日常生活にあてはめなさい。貴方はやがて物事を受け入れることの価値を知るに至るでしょう。日々起こる物事を受け入れなさい。神はわけあって与え給う、神はわけあって与え給わず、また取り去り給う。その意味は、人の魂が成長した暁、何ものも失うものはないという事です。地上の限られた心のゆえに、「すべて嘉し」これが見えないのです。

祈りと沈思にかける時間が多い者を見て、人は申します、行為は祈りに勝ると。さよう、行為は時を誤らねば正しい。しかし、真の行為は沈思と祈りから発するのです。感情や衝動からではありません。

霊師達について

さてここで霊師達について説明しておきましょう。彼等はいわば地上の遥かな高山にも比する、霊界の高処に在ります。彼等は霊的真理を自覚し、神霊との直接交通が可能となっており、人類の進歩向上のため不断の活動を続けています。つまり神に通じるということは、人類全体にも通じるということで、従って、神と人類とのメッセンジャーの役割を果たしているのです。

彼等は依然として人間の形姿をとっており、過去人間のあらゆる段階を経験しているので、人間のどんな気持ちどんな要求をも理解することが出来ます。彼等はもの分かりがよくて愛に満ち、厳しすぎず、事を強制することはなく、常に未熟な者にも、その自由意志の選択に委せようとします。常に神を崇敬し、これを通じて人類へ愛と光を放射します。人は殆どこの事実に気付く者はいないが、しかし、その活動はとどまることがないのです。

彼等は人を憎まず、決して人を裁くことはしません。未熟な魂は、とかく性急で人を裁きます。しかし彼等は急ぎません。人類の霊的進歩は牛歩のようなものだ、ということをよく承知しているからです。彼等は何人にも過大な期待を抱きません。彼等は常に人類の傍に立っています。従って、人がもし神法に心を向け、これに従おうとするなら、神への通路は開かれ、神光の威力が注ぎ込まれるのです。

世界の導師

新しい世界の導師がまもなく出現するのかと、よく質問を受けます。しかしお分かりでしょう、此の世には唯一つの生命の光があるだけだということを。キリスト教では、これをイエス・キリストと呼びます。過去、ナザレのイエスを通じて、この生命の光は輝いたのです。他日、この同じ光は他の導師達を通じて、放たれることになるでしょう。それは更に高い生命のらせん、循環の上においてです。

そのような世界の導師が、教会や信徒達により、導師と認められ受け入れられることがあるのかと、皆さんは疑問視する。私共も、確言は出来ません。ただ、時を待てば、あるいは幾世紀の後には、これは認められるのです。この受容は、導師の「人」によるのでなく、彼を通じて輝いた神光に依るものです。世界は、いつか、この導師の生涯が見せた力と感化に畏敬の目を向け、その教示のもつ叡智を理解するに至るでしょう。

いま、この導師が人類の傍まで来ています、無上の愛と叡智をもって。導師の力と光は人類の霊体を通して滲透するでしょう。いえ、既にその感化は地上に及んでいます。国際間の難問、変動、それによる諸観念の打破、それがその現われです。一国は一事のみを為そうとします。お互いにそうです。

人類とは育児室の幼児のようなものです。人は、この偉大な霊光の刺戟で反応するのです、おのおの別の形で――彼等はそれが何の事やら理解できないのですね。彼等はやみくもに突進の衝動を感じ、自己主張をします。それは未熟なままの人類同胞への願いなのですが。これら未成熟の不休性急の動きの背後には、世界の導師から放射する光の刺戟が存在するのです。

この導師を、一人の人間と思ってはいけない。彼を通って、天光と天力が輝きます。それは彼一人にとどまらず、パン種のように、人の霊に作用し、地球そのものの波動を高めるのです。

世界の導師は、単独では地上に降りません。多数の弟子達を従えます。その多くが既に地上に在り、導師の到来に備え準備をしています。皆さんの中の幾人かは、その中の一人です。弟子達は、地上の波動を高め、闇に光を点じ、来たるべきもののために備えます。人々が霊的真理を理解するためには、先ずその目が高められていなければならないのです。弟子達が来たのはその露払いのためです。世の人すべての準備が出来た時、人々は目を上げて、黎明の光を、現実に見ることになります。

人間を救う法

人間の記憶は頼りないものです。だから、いつも真理を思い出すことが肝心です。人間の歩む道とは何か、この本当の意味を皆さんはすぐ忘れてしまう。人は単に物質的な肉体と心ではない。人間とは死なぬものです。人は死んでも、自分の死に気付きません。それは、肉体から脱け出ても、やはり同じ形を保っているからです。天国とは、人が死んでから行く、どこか遠い国ではありません。それは此処です、貴方が今立っている此処です。その此処に貴方は立っている。肉体をまとい、営々として働き、日常の糧を得んがために、それは輝く至高の域をきわめんがためです。それはただ貴方の努力と霊性の開顕によってのみ可能なのです。

イエス・キリストを信じる者は、すべて主によって救われる、皆さんはこのように聞いていますね。まさにそのとおりです。但し、貴方自身の努力、協力、働きがなければ無効です。人はすべてその播いたものを刈り取る、イエスはそのように申しましたね。

人の思想・言葉・行為は、人生の畠に播かれる種子です。その結果は狂いなく、逃れることは出来ません。私達は脅かしのために、また単に説教として申しているのではありません。それは真理であり、他日、人はその証しを身をもって知るに至りましょう。明日、人が困難にあい、気を動転させれば、人生は不快なものとなります。逆に、此の世の事は目くじらを立てるほどではない、こう思えば、人生は心楽しくなります。焦れば事は難しくなり、辛抱して、心静かに神に目を向け、行くべき道を問えば、万事よくなります。

人の思いと行為はまさに種子です。その果は、他日、狂いなく刈り取られます、貴方の魂と貴方の肉体の上に。これら種子は貴方の未来を創るひな型です。貴方の未来は、この狂いなき法の表現であり、誰一人これから逃れることは出来ません。

この法（カルマ・業）と共に、これを補足する、東洋でダルマと呼ばれる法があります。ここで「ダルマ」とは、人が置かれた環境でベストを尽くせば、その環境や境遇は良いものに変えられる、この法です。このように、かの厳しく狂いのない因果の法とならんで、神の慈悲の発露であるダルマの法があるのです。神はかようにその子等に慈悲深くあられる。しかし、神は努力も苦しみもなしにあることを許し給わず、また、その罪を償うことなしにすますことも許し給わない。その代わり、神は常に呼びかけておられる、「子等よ、吾が愛は傍にあり、汝等を助けよう」と。神の愛は慈悲です。神はその子等が自らつくったカルマをうまくくぐり抜けられるようにしておられる。こうして神はすべての傷ついた者を癒し給う。この神の慈悲は、人の示す慈悲と密接に関連しています。人が他者に示す慈悲の分量だけ、神はその者に慈悲を垂れ給う。

以上、魂の救済、キリストの力について見てきましたが、人間内在のキリストの光、これが唯一つ、真実の救済者なのです。神はその子等に、もれなく、生命の救い、キリスト霊を植え付け給うた。これが無知と罪にあるすべてを救うキリストの方法です。神法は愛、神法に反するは罪。神法に反すれば人は痛みと不快を感じ、それにより人は知恵に至ります。しかし、神法に無知な限り、罪の許しはありません。

霊性開顕の道において、他者への奉仕が至上の要務です。この事はあの世でもこの世でも変わりありません。人の為すべき第一の奉仕は神に対するもの、崇敬と愛慕です。第二は隣人への愛、己れのごとく愛することです。

崇敬という奉仕

もう一度、高級霊について考えてみましょう。彼等の日常は、神に心を向け、崇敬・愛慕・沈思の生活です。この行為を通じて、彼等は全人類に救いを、地球そのものにも浄化をもたらします。彼等は徐々にではあるが、人類と母なる大地の双方に、確実に光を放射しているのです。これと同じ理由で、神を真に崇敬する人は、人類に奉仕しています。その崇敬が不断の、真実の、謙遜なものである限り。このような者はあれこれ不平を言わず、ひたすら神の愛と慈悲のたまものを思い、神をたたえます。

神のたまものの中、最大のものは人間の生命そのものです。地上に比を見ない美と調和に充ちた純粋な生命、人はこれを知り日々成長していける。この人間生命のもつ真実、これこそたまものです。

この生命あればこそ、人は目に見えぬものの存在、目に見えぬ高級霊を信じることが出来ます。貴方に受け入れる準備さえできれば、彼等はいつも貴方の傍に居るのです。心静かに、天界に向かって沈潜しなさい。その時高級霊が貴方に近づきます。貴方はその存在をあらわに感じることになりましょう。

疑ってはいけません。高級諸霊が皆さんのために活動しています。瞬時も皆さんのもとを離れません。皆さんの目を思想を上方に向けさせようとしています。先ず神の国を求めなさい。先ず無窮の神霊とのつながりを求めなさい。ひたすら神を敬し神を讃えなさい。その時、貴方は一本の蠟燭となります、素朴で謙遜な蠟燭に。しかし、無数の蠟燭が集まれば神の光と栄光をいや増すことになります。人は独りで自分だけに向かい生きることは出来ません。人は神に向かいあって生きているのです。貴方の進歩につれ、神の光と力は増大します。神がなぜ人間を創られたかを思いみられよ。神は惜しみなく生命と喜びを与え給う。そして最後に、神は子等より生命と歓喜を受け取り給う。貴方に何と大きな機会があることか。貴方の前途に何と輝かしい道が開かれていることか。神の恵みと宮居の素晴らしさ美しさ。そこへ、共に手をとり、つきぬ崇敬を求め入りたいもの。

五章　晴れゆく霧

人は良い事があると、それは自分の力で作ったものだと思います。こうして人は、人間とは見えない力の通路にすぎないという真理を見失います。しかし、人は全くの繰り人形というわけでもありません。人間には自由意志があり、それを使う権利があります。また人は選択の能力があります。善と愛の道を選ぶこと、またこれに背を向け、我《が》を通して果ては落胆と混乱をつかむこと、いずれも勝手です。

何故と皆さんは問う。あるいは現在、皆さんは悩みをもち、疲れて、前途に不安をお持ちかもしれない。では、心を静めてよく考えてみられよ。過ぎて来た年月に目をやってみられよ。無事に切り抜けた困苦や試練のこと、また幸福だった日々のこと。お分かりかな、苦しみがあっても貴方は今ここにこうやって居る、神は決して貴方を一人では置かなかった、見捨てはしなかった。常に貴方の何かを改善するものがあった筈。かりに物質面では良くならなくても、心を平静にし我《が》を克服する何かを学ばなかっただろうか。以前より賢くならなかったろうか。かりに失うものがあっても、霊性の進歩啓発はなかったろうか。苦しみと試練と涙を通じて、光が貴方にさし入った筈。いろいろな事があって、はじめて神の愛と導きの手に、少しずつ気付くようになったのではありませんか。

それゆえ、未来を恐れるのは間違いです。未来とは更に神に気付き、更に神と生命に目を開いてゆくことに外なりません。死を怖れるのも間違いです。死はありません。この事は何度も申したとおりです。そんな事は分かっていると皆さんは申します。そんな人に限って分かっていないのです。本当の意味が分かっていないのですね。不死について勝手な考えをもっているだけです。

死も別離もない

心の底に確信をもちなさい。人間の生命は無限であり永遠です。かつて貴方が居なかったということはないし、未来永劫なくなることもありません。「それでは際限ない輪廻で疲れてしまう。そうでなくても、もういい加減くたびれているのに」と皆さんは言うでしょうね。そのために、神は現世の生命を有限となされた。人は、肉体をまとって暫時この世で過ごす。やがて肉体の外衣を脱ぎ捨てると、霊の世界に入る。其処こそ真の人の故里、そこで英気をとり戻します。

日常生活では、転居もさして苦にしません。あるいは古い家への愛着もあるかもしれぬが、永く住んだということで、未練もなくなっているでしょう。同じように、人は此の世に永く住むと、此の世に倦み疲れ、新しい世界へ行きたくなります。神はこれをよく承知しておられ、人に死を許し給う。

他界で今までになかった自由を得、地上の束縛や無知から切れて、無尽の幸福にひたり、霊魂は生気をとり戻します。こうして、十分に休養をとり、地上経験の反すうを終えると、霊魂に再生の関心が目覚めます。ここに、再生の時が来たのです。

これをもっとはっきり申せば、貴方は愛する者と離れることはないということです。愛あるところ、別離はありません。愛と愛は磁石のように引き合い、貴方は愛する者達の方へ引き寄せられます。これは霊と霊の場合も、地上再生の場合も同じです。顕幽を通じてこの法則は変わることはありません。

まことに未だ目は見たことがなく、耳は聞いたことがない、かの神が子等のためにととのえられた栄光を。人間の有限の心をもって、到底この栄光は分かるものではない。地上をとり巻き地上に滲透し、やがて人の行くべき、かのエーテル界・幽界・霊界・天界、これはさておき、あの広大にして無辺きわまりない動物や人間の一大王国、とうてい人智の知り得るところではないのです。

天国と地獄

人が死後どんな境涯に入るかは、生前の生活いかんにかかっています。肉体の諸欲に溺れた者は、幽体が粗雑であり、良い境涯に入ることは出来ません。他者に親切であった者は、清浄で美しい境涯に入ります。欲に溺れ低級な生活を送った者は、それに応じた低い幽界に入り、一層の勉強と浄化の必要上、遠からず地上に再生します。人は地上生活で、真実なるものと真実でないもの、価値あるものと価値のないものの、見分け方を学びます。こうして、空しい物に対して、霊性の美を知るに至った時、その幽体が浄化され、やがて良い世界に入るのです。

ごく普通の人達——愛すべき平均的な善人——は、霊的法則については余り知りませんが、他者に親切です。親切ということは利己的でないということです。こういう人達は、死後すみやかに低い夢幻的な境域を通過して、美しい幽界に入り、此処で友人達に逢います。それは死んだ近親知己であり、また、もう一つ前生で親しんだ者達でもあるのです。彼等はいわゆる「再会の境」へ行きます。此処には、地上に残してきた者達も来ることが出来ます。但し、離別の悲しみや痛みを捨てている場合に限ります。つまり、低い感情は足を地上へ引っ張ります。だから心の整理のついた者だけが、愛する死者達に会えるというわけです。

この境涯の魂達は、自己の興味に応じた仕事をします。音楽・美術・文学・科学・園芸・建築――多くは生前の興味の対象だったものです。ただ、その関心は一層鋭く、妙味は一段と深くなっています。それは表現能力がここに来て大いに高まっているからです。

死んで、他界での生活、そしてまた地上に再生、この過程の繰り返しは、通常長い時間を要します。しかし、必ずしもそうでなく、長足の進歩をもって各界を通過し、永遠の自由の境に入ることも可能です。しかし、魂が低級な性質や欲望を払い落とさない限り、何度も地上生活を繰り返さねばなりません。ひとたびこの経験を自家薬籠中のものとするや、魂は再生から解放されます。

中には、みずからすすんで地上に再生し、人類の救済にあたる魂もいます。その中のある者は、民衆の中に名もなく貧しく住む謙遜な魂達です。彼等は神の計画の一部を担っています。また他は、崇高な理想と目的に駆られた霊師達です。これら高級霊は、未熟な霊が辿る全く同じ道を既に経験しており、その愛と仁慈は深甚です。彼等は万事を心得ており、向上の道を辿る霊魂には、ひとしく惜しみない援助の手を差しのべます。

神への憧れ

さて、再会の境を後にして、魂が次々と言語に絶した美しい諸境域を通り、上方へと上って行くにつれ、或る程度、神の愛と栄光をのぞき見ることが出来るようになります。その時、魂は自己の貧しさと自己の不完全さを強く意識します。これは神から発する烈しい光にあてられたからです。「神へ、更に神へ」血を吐く思いで叫びます。その烈しい希求は、もはや、あらゆる犠牲あらゆる労苦をかえりみない程になります。この時、霊師が傍に来て尋ねます、「神にもっと近づきたいのか。更に神にもっと似た者となりたいのか。その道は唯一つ、もう一度地上に戻って修行することである」と。

皆さんは、以上の私の言葉に納得せぬかもしれない。皆さんの知性が、これを疑い否定するのです。しかしながら、自分の心の奥深くに目をやってごらんなさい、疑う余地がありますか。自己存在の奥深くまで踏み込んでみれば、何ものにもかえがたく、父なる神と一つになりたい希求があることに気付きます。神の光がたえず自分に射し込んでいる事に皆さんは気付きます。この光に導かれて、人は再生します。もしこの導きに真実であるなら、一層大きな光の中へ連れて行かれます。「私は世の光である。私は、すべての者を神の国へ導く光である」と、キリストはイエスの口を通じて申しました。いつの日か、貴方は、これが全き真理の言葉であると認める時が参りましょう。

永遠の御手が、私達の下に在る。(この御手を拒絶する、余りに多くの者達、その不可思議さ)。無限に一切を抱擁する愛こそ、あまねき真実在。神はいずこにも在り、神はすべての物の中に在り給う。神の居まさぬ処とてなく、その心に神の居まさぬ者は一人もいない。神は苦しむ者と共に地獄にも在り、至高の天界に在る者とも喜びを分かち給う。貴方の髪の毛一本までも神は知っておいでになる、一羽の雀が地に落ちるのも神のみ心の外にはない、この言葉をご存知でしょう。

空は高く、清く、金色に光っています。影を去り、清浄と平和と喜びを望み見ましょう。我々は光の子ではありませんか。

六章　金色の天

正しい思念

正しい思念と善意、また神を思う心、これのもつ価値は計りしれません。もしこの傾向が人類に広まれば、人類の未来をあずかる高級霊達に、多大の援助を与えることになります。既に影の一部が光によって破られています。ものを理解する力が一段と増しています。

しかしながら、人間が無知の足かせから脱け出すには、まだまだすることが沢山あります。私共はすべて、一つの霊、愛である霊、キリスト神霊から生まれたのです。そうであるためには、不断の努力が、貴方を神が創り給うたように、貴方に神が望んでおられる、貴方が光の子であるための努力、それが唯一つの道です。

国と国との戦争が終わる時、そこに人類の未来があります。それは今日の誰にも予測できない、まったく新しい違った道です。しかし、心に銘記されよ、社会の、産業の、国家の、国際上の諸問題は、愛によってのみ解決されるということを。その愛とは忍耐と寛容と奉仕の実践です。言葉をかえて申せば、人が他者と友となり兄弟となって生きる、この一言につきます。

既に人間は学びつつあります、自分より先に人に尽くすことを。この産みの苦しみを経て、人類同胞の精神が、徐々に、しかし確実に発生の途上にあります。

人は、生涯を通じて、日々の自分の思想で自分の世界を創るのです。今日の彼の心が、明日は現実となって、彼の環境をつくります。同じ事で、国民が他国民に対し、怒りの心をもてば、この集団の思いが強化される時、戦争となります。戦争とは、国民大衆の心が投影したその結果なのです。人間の生活は思想の連続です。その考えたとおりに、自分自身がやがてなるのです。今日世界が考えたこと、明日は確実にそれが世界の現実となります。物質界の事は、何事によらず、初め誰かの心に生まれたものの結果です。

一切を包む愛

私共は筆舌につくせぬ愛を抱いて下界に来ます。そしてひたすら祈るのです。神が私共を使い給うて、いま人類に欠かせない神の加護と無辺の愛を、人間が知るようになるようにと。私共は衆に向かって話してはいても、また一人一人に語りかけていいます。私共は人のもつ怖れ・心の煩い・渇きをよく承知していますからね。これにより、皆さんが、そのとらわれの地上的呪縛から心たかめられればよいが。

私共が人間の悩みの中に入っていけぬなどと考えて下さるな。私共が人間の肉体の疲れが分からぬとか、心のもつ煩いには無理解などと考えて下さるな。また人の精神の、物の苦悩にかかわりがないなどと思って下さるな。貴方の魂のことなら、どんな秘密までもすべて霊師達には見透しです。霊師達は、働く時は一心同体ですが、地上に下って行く時は、各自仕事を分担します。しかも、至高の天にあっては一つなのです。それは、霊師の精神が、真理の在所である宇宙精神と完全同調しているからです。此処の中心から真理の光は発し、全宇宙と個々の生命を包み込んでいます。

天使達もキリスト神霊も、皆さんの思うほど遠くにいるわけではありません。すべてを捨ててキリスト神霊に従い、その高処に上ってその傍に坐す、その力が貴方にはあります――いまこの瞬間においても。物事がうまくいかず、心配で意気消沈した時、右の事を思い出しなさい。その時です、キリスト神霊の声を聞くのは、「すべてを投げうち、私に従いなさい。私は道である。

真理である。生命である」と。

天国は遠い、天界は手が届かぬ、そう思う時、人は道を踏み違えます。天国は人の内部にあります。地上生活中に、天国を発見する道を学ばねばなりません。その者は、死の時、間違いなく天界のような境域に入る者となりましょう。

人は独りではない

苦しみの時、独りぼっちと思ってはいけません。為すすべもなく途方に暮れている貴方を、じっと心にとめている私共が居ます。貴方の目はいま塞がれています。それは一時的なことです。心に確信と平和を抱き、ひたすら神の僕《しもべ》たらんことを願い、静かにその命令を待ちなさい。神とその使徒らが知り給わぬ事は何一つありません。

どんな魂も一人に捨て置かれることはありません。ただ、新しい門をくぐる時は、一人です。魂はすべて、生命の段階を次々と通過せねばなりません。その時、前進の決断の力を与えるものは、前方をかくしている霧、つまりこの孤独です。

他界に入った魂は、初めのうちは子供のように自己満足しています。何事も出来ないものはない、今後の人生も物の数ではないと。孤独を味わい、初めて、力の本当の源泉がどこにあるかが分かります。すると、今度は魂の方から進んで孤独を要求します。永い間の目隠しがとれて、魂が生き生きと目覚める時、きまって孤独にあるからです。このことは皆さんにも当てはまります。いま肉で目が塞がれ、一人きりで置かれているのは、皆さんの中なる力と、神への信を開かんがため、このもくろみのためです。

この信とは何でしょう。信とは、神が常に善と愛であることを、心底に刻み付けることです。魂はすべてこの確信を開かねばなりません。それは神が善なることの信だけでなく、自己内在の神、この確信もです。物質にとり囲まれている皆さんは、すっかり目が狂っています。恰も、目にシャッターが下りて、傍の霊的生命を見えないようにしている、そんな具合です。それは、物質の事を心よりずっと大切に思っている、そのせいです。本当の貴方は、貴方の舟の船倉に閉じ込められ、身動き出来なくなっています。その舟とは貴方の魂です。舟は情緒の波に揺られ、あちらへ行きこちらへ行き、遂に、貴方は悲鳴を発し、船主キリストを呼び起こします。主は直ちに目覚めて申します、「心安かれ、静まれ」と。すると、波立つ感情は消え、平和が占領します。

内的世界

有限の心をもって、永遠を知ることは出来ません。しかし私共の語る言葉で察することは出来ましょう。人の内面の奥所には、信じがたいほど完全な世界があります。人が恐怖・感情・心痛などに対し、自己統制が出来るようになれば、即ち平和の聖処に踏み入るようになれば、その世界の栄光を目にすることになります。

ヨハネ黙示録には、金色の往還と宝石をちりばめた門をもつ黄金の都市——新エルサレムのことが書いてあります。この都市は、内的自我の記述以外の何ものでもありません。其処にある寺院は魂の象徴、宝石をちりばめた門はチャクラ・魂の諸中枢、キリストの玉座は魂の核心です。

またヨハネ伝には、魂の辿る長い道程について、また天界の状況についての、明晰な記述があります。

地上の心をもっては、とても右のことは理解できません。人間が自分のためだけに生きるから、理解力が制約されているのです。しかし世の中には、他者のため生きようとする人達がいます。ごく少数の、神のために、神において、神と共に生きる人もいます。それらの中には、折り折り神の衣の縁に触れ得る人がいます。その時——彼等は知る者となります。まことに、私共が語るこれらのことは、真実在の事です、他界においても地上においても。

束縛を破れ

こちら霊界から皆さんに語りかけていますと、愛と同情を禁じえないのです。皆さんの方では縁を切りたいのに、切れないで物質に沈りんし枷《かせ》をはめられているからです。その枷は貴方が選んだものです。貴方の魂の進歩のためには、欠かせない牢屋なのです。皆さんは、その枷から放たれる知識を、神に近づきたい願いを、切実にお持ちだ。私共にはよく分かります。皆さんは、人類の僕になりたいと一層その道を求めておられる。しかし、一向に進歩はないと、そうも感じておられる。しかし、今後一年間の自己をかえりみ、その間に得る人生経験の価値を、十分に査定さえできれば、皆さんはきっとこう申すでしょう、「神さま、有難う、この人生経験のおかげで、私はこんなに進歩できました」と。

この進歩は、掛け値なしに貴方のものです。地上で試練をうけているこの間、目が塞がれているのは、むしろ良いことなのです。と申すのは、困難や制約にどんな態度を示すか、それ次第で、試練にパスするか、枷から解放されるかが決まるのですから。解放と申しても、死後のことではありません。この物質界での枷からの解放です。

貴方は、いま地上に居るわけですが、同時に、此処霊界にも居るのです。霊界には、貴方の守護霊・指導霊・親しい故人達が住んでいます。彼等は貴方のためならば戻って来ます。貴方の手助けのために、また貴方が意気消沈した時、気を引きたてるために。

もう一言つけ加えておきましょう。貴方が思い切って自分を開いて、内在の光を受容すれば、肉体の皺は伸び、痛みなども消えます。人が老いるのは、感情の不統制のゆえです、どうにもならない心配のゆえです。病気になるのは、ストレスが肉体を過度に緊張させるからです。もし人が常に神霊の光に同調しておれば、病気は存在しません。

神界組織

以下に、人類世界の構図を示しておきましょう。人間の魂は、高きも低きも、すべて一本の人類同胞の糸で結ばれています。その上に、人類の守護指導を使命とする一大神界組織があります。人間はそこから通信を受けることが出来ます。その通信は歩一歩到来しつつあります。こうやって話している間にも、私共は、私共の背後に、私共を使って真理を伝えている或る力を感じております。その背後にその上に、更に別の力が存在し、その上には更に更に別の力が、ずっと各境域をめぐってつながっています。こうして地上から神界に至る一本の連繋の鎖が存在するのです。

人の背後には、すべて個有の守護霊がついています。ですから人は想像を絶した助力が得られます。もし、人が謙虚で我を捨てて、人類の奉仕のために生きようと心をくだくならです。その実例があります。いつの時代も、人類のために身を捧げた偉人達、これがそうです。彼等はその昔、今の貴方達のような気持ちで生きた、普通の人間であったのです。

ですから、皆さんの進む人生の道とは、自分ひとりの喜びのためだけでなく、世のため人のため、その幸福のために尽くすこと、またすべての生命の霊的進歩に貢献することです。これこそ、神が魂の上に課した責務です。すべて世の進歩というものは、神によって生きる個々の魂の上にかかっているからです。

貴方と共にある責務に目をとめなされ、何と栄光の機会が貴方にあることか。これを曇らす世の闇を入れてはなりませぬ。貴方には生得の権利があるのです、奉仕と神への崇敬、自由と至福の生命に入る権利が。平和と歓喜が貴方と共にありますように。

＊　＊　＊

第二部　日の出

Sunrise

一章　道・真理

死、地上から霊界への移行、人間の目にはそれが、どうやら怖ろしいお化けのように映るようです。気にすればするほど、その不安が高まるのですね。しかし、皆さんの中には既に、平静に死はもはや恐怖ではないと言い切れる人達がいます。皆さんは、ヴェールの彼方、更にはもっと大きな霊的世界を、喜びの期待と確信をもって、見ることが出来る筈です。実際に死の時には、歎きどころか喜びで一杯になり、境界のドアーを開けて入って来る愛の母、死の女神を迎えることが出来るでしょう。死を真に喜びと思える時、貴方は一歩前進したのです。

人生には二つの面がある、これを知るのは大切なことです。第一は、日常生活の外的側面、第二は、内的な霊的側面。ただ、後者を知りそこに住む人は比較的少ないのです。大多数の者は、ただ物質相手の、肉体的な生活を送ります。彼等も、まれに悲しみや悩みに出会うと、第二の世界へ手を伸ばしたりしますが、万事うまくいっている時は、満足しています。今日では、霊的生活に目覚める人の数が、少しずつ増えています。

しばらく、内的世界について語りましょう。内的世界というと、純粋な心の世界と思うでしょう。それは、皆さんが外的な物理的生活から、心の中へ引きこもった時、この世界を感じるからです。人が死ぬと思想の世界に入って生活する、皆さんはこう聞かされています。しかし、其処は思想だけでなく感覚の世界でもあるのです。肉体の奥に思想があります。思想の奥には、感覚・感情の世界があります。

人間はすべて感情の世界に生きています。そして、この感情は、周辺の心、即ち他者の思想の影響を受けます。

そこで、霊的視力を増したいと望むなら、先ず第一に学ぶことは、この感情の統制です。何となれば、感情が不統制ですと、心の風波の原因となるからです。昔、ガリラヤの湖の話をご存知ですか。ボートに弟子達が乗り、主は傍で眠っておられました。時に、波が起こり、弟子達は驚いて主を呼び起こしました。主はボートの中に立ち、水に静まるように命じられた。すると嵐はおさまりました。ボートは魂の象徴です。水は同じく感情の象徴。主はキリスト、即ち内在のスピリット（霊）、この内在の霊こそ感情の嵐を静止させることが出来るのです。この事でお判りでしょう。我《が》の心・波立つ思想から、自己を守ってくれるのは、即ち感情の統制をしてくれるのは、神の愛、内在の霊・キリストへの愛、これです。皆さんは、この愛をもつ者となるよう、努めねばなりません。

内的世界は実在

人間の体は、生命の諸階層と同質の実体で創られています。これは肉体のことだけではありません。人間には、肉体よりも更に精妙な幾つもの媒体があります。これら諸媒体は、これが機能する生命の諸階層と全く同質の実体で創られているということです。地球の周辺の星にも、その星と同質の実体で創られた生命体が住んでいます。たとえば太陽霊・太陽人は、太陽と同質の実体で体が創られているので、太陽に住むことが可能であり、現に住んでおります。そのように人間には、高い生命の階層と同質の実体で創られた、高級の諸媒体がそなわっています。従って、皆さんが、欲望と感情の統制が出来るようになれば、この媒体を使って、高級の内的世界と交通することが出来るようになります。

感情の不統制は高級な媒体との接触を絶ち、反対に、清らかな愛に満ちた感情はそれとのつながりを深めます。後者は神のもつ創造力を秘めており、不統制の感情は破壊力をもっているのです。従って、私達は、皆さんが内的世界と交通する第一歩として、先ず感情の統制を重視するわけです。

祈りと瞑想、これにより、私達は無限の愛と無限の美の内的世界へ、いっそう深く入っていくことが出来ます。魂は肉体を離脱しますと、漸次低い階層を通過し、地上よりずっと精妙な実質をもった、天国のような世界へと進みます。この世界も其処の住者にとっては、貴方がたが地上に在るのと同様に堅固に思えるのです。この光彩と均斉に満ちた世界の住者達は、互いに調和に満ちて生活しています。彼等には為すべき仕事があり、その仕事とは堅実で静かで精妙なものです。これは愛の世界であり、神の国であり、極楽ですね。魂はその世界に到達しますと、其処で一つの存在に気付きます。神です、愛である神の存在です。それも至る処にです。勿論、こうなることは難しい事ですが、もし貴方が欲しさえすれば、地上に在りながら、其処へ行くことも可能です。たとえば、深い瞑想に達しますと、卓越した平和と調和が芽生え、此の世の時空を超えた意識の段階に到達します。貴方は天国と交わったのです。すべて愛情に富んだ魂たち、地上の普通の人達ですが、死後は、この天国的生活へと昇って行きます。勿論、すぐそうなるわけではありません。丁度、皆さんが日常生活で数々の試練を受けねばならぬように、彼等も幾多の段階を通過した後のことですが。

変容と復活

ご承知のように、福音書には、死後の生活について殆ど触れていません。イエスはむしろ、すべての真理はただ一つの言葉の中にあると言おうとしたのです――「愛」これです。イエスは申しました、「互いに愛せよ。愛は法の履行である」と。

イエスは霊界に関心を示しませんでした。同じく、また、人間の物質的・知的・情緒的側面にも関心を示しませんでした。イエスは生命を幾つもに分けることをしなかったのです。全体として人間の生命を考えていたのです。彼は全的生命の秘密を学んだのであり、また、人間のすべての側面の統御・統制の秘密を学んだのでしたから。彼において分離ということはなかったのです。彼に内在するキリスト（訳者注・人間に内在する神性）は、宇宙生命の全貌を顕示していたのですから。だから、イエスの場合、「此処」とか「彼岸」とか言う必要はなかったのです。死は彼になく、生命は永遠であったので。

人が、地上の束縛から自由になりたいと願うなら、キリストに学んで生きるようにせねばなりません。イエスは肉体を神の媒体として完全に保ち、なお自己統制を完全に果たせたので、キリスト神性顕示の完全な器となれたのです。彼は申しました、「私を信じる者は、私の為すとおりを為すことが出来る」と。キリストと全く同じにやれる者は殆どいません。それでも天国の喜びは人に近づきます。人がもし心の底から天的状態に到達したいと希求するなら、その人は光明をキリストを、その魂に引き寄せることになります。この光明が近づくと、人は自己内心の深みに真理を発見します。それと共に、その人の現実の生活が変化します。その人はもはや真理から外れて生活することが出来なくなるからです。こうして、人は新しく生まれ変わります。その人は天界へ向かって弧を画きながら出発したのです。

以上で、イエスがなぜ、死後の生活について余り語らなかったか、分かって貰えましたか。イエスが示した法を、弟子達が働かせさえすれば、死はもはやなく、従って死後の生活を語る必要はなかったのです。イエスは、二つの方法でこの事を示しました。第一は「変容」です。三人の弟子と丘に登り、彼等の意識を高めて後、彼を見つめるように命じました。彼等に本当の生命の顕現を見せるためにです。彼等の面前で、イエスの身体からは愛の光がキラメキ出、その光の中に幾つかの霊姿が認められました。弟子達はキリスト神性によって燦然と輝くイエスを其処に見たのでした。

イエスは、更に、復活によって、物質原子を精妙な形姿に変化させ、キリスト神霊の力の一端を示しました。

イエスの肉体にはキリスト神霊が完全に生きていたので、肉体原子は極めて純化し変化されており、そのため肉体は光と化したのです。誰の肉体でも、その中にキリストの光が住むとき、同じことが出来ます。肉体が、光り輝かされて、光になるのです。光とは生命の別言です、生命とは神です。イエスの肉体原子は光と化し、肉眼の視界から消えました。しかし、それは依然として同じ肉体です。もし、人の心がキリスト光で浄化されれば、視界が開け、天国が見えてきます。内部から発する真実の愛によって、人は真理を知り、生死を超えて未来が見える者となります。

二章　死後の生活

霊界の生活とはどういうものかと、よく尋ねられます。皆さんも、見知らぬ土地を旅して、後になりその土地のことを話そうとすると、すらすら言葉が出てこないことがあるでしょう。そのうち、聞き手の方は、すっかり退屈してしまいます。新入りの霊魂達の経験は、その魂の入った環境、人格、反応の仕方によって、みな個人差があります。Aの魂に甚だ興味ある事が、Bの魂には全く退屈なこともあります。従ってこう申しておきましょう、霊界生活も地上生活と甚だ似ていると。ただ違っている点は、霊界を形成する素材が、地上のそれより濃厚でもなく固くもない、即ちもっと柔軟であるということです。但し、霊魂にとり霊界は、地上が地上の人間に固く感じられると同様に、固く感じられるのです。しかし波長の点では、霊界は地上よりも、その生活も素材もずっと精妙で、振動速度も速いものです。

死後目覚めて先ず気付くことは、「自らつくる創造の世界」ということです。利己的な地上生活を送った者の周囲には、利己的な者ばかりが集まります。まさに同気相ひく世界です。拝金主義者の死後は貧しく、貧しい環境の中に住みます。霊的要素を持ち合わせていないので、家を建てることさえ出来ないのです。環境は内的自我の複写です、その顕現です。

霊界での生活は地上生活とそっくりです。ただ少し違っている点は、醜いものは一層醜く、粗野で不快なものは、一層粗野で不快、それは逃げも隠れも出来ません。反対に、美しく愛に満ちた生活は、一層そのように美しく愛に満ちており、芸術にも科学にも、自然と人間の調和した生活の中にも表現されます。この増幅は、環境の中にも、本人自身の中にも現われます。大多数の霊魂は、その目にする世界の美に烈しくうたれます。それは神の国とでも申しますか、自然も、絵画も、音楽も、科学も、天国そのものなのです。自分達は生命の内面をのぞき見ているのではないかと、上っ面だけを見ていた生前とはうって変わって、そのように感じるのです。この生活は真善美の表現であると、つまりは神の顕現であると考えます。彼等の驚きのさまを、つまりは、霊界の自在な有り様をお伝えするのは困難です。霊界人達は心に思えば、すぐ其処に居ます。花咲き乱れる園を思えば、もう其処に立っています。彼等の思うこと、願うこと、夢想すること、それがすぐ事実となって現われるのです。

死後の生活では、地上でかなわなかった、豊かな深甚の喜びが、また満足が得られます。地上では夢や希望が、その環境のゆえに制約されたのですが、此処では願望がすぐ事実となるのですから。霊魂となる時、人は自由となります。真実に神を愛し、即ち神を顕現しようと努める者は、その希求にふさわしい者となり、いよいよ学び求める機会に恵まれます。開かれる喜びに限りはありません。

霊界人は飲食をするのかと、人はいぶかしがります。食べてはいけないとでも言うのでしょうか。食べます。それは肉ではありませんが、霊界にできるフルーツを食べます。こちらの生活は、全く自然なものです。霊界人は、黄身のない殻のない卵でしょうか。彼等には身体もあれば、家も庭も、必要な物は何でもある、極めて自然な存在です。その生活は自然で、正常な生活です。彼等には身体が無いと、人は思いがちですが、誤りです。彼等には、エーテル体・幽体・霊体などがあります。貴方がたにそれが見えないだけです。貴方がたにも、これら諸媒体がそなわっております。人はその進歩につれ、それに応じて高級の媒体を開発していくことになります。

皆さんは、より高い世界を目指すでしょう。私達もそうです。一つの境域に縛り付けられてはいません。私達は居心地のよい、自分の性に適った程度の境域で生活します。しかし目を開けば、まだまだ高い世界がつづいています。とはいえ、いつも精一杯の山頂にばかり立っているわけではありません。私達は、余り自分の分を超えた、生活の状況や美を創り出すことは出来ません。皆さんの場合もそれは同様。魂が何処に住むか、それを決定するのは、魂のもつ意識の程度いかんです。

すべての世界は一つ

肉体の内部に、エーテル体（訳者注・「複体」とも呼ぶ）があります。これは水がスポンジに滲透するように、肉体に滲透しています。このエーテル体は神経組織に深いかかわりをもっています。たとえば愉快であるとか不快であるとか、そういう感覚に関する一切は、エーテル体の所管です。麻酔でエーテル体が体外に出ると、肉体は痛覚を失います。また、エーテル体は、霊魂と肉体を結び付ける役割を果たします。エーテル体には二面があります。死後は幽体に融合してしまう高級な部分、また肉体と密接に結び付いている下級の部分とがあります。この下級部分は、生前の家や庭や野などをふらふらさまよったりします。つまり、愛着のある場所とか墓地に縛り付けられ、幽霊とかお化けとか言われるのはこれです。これは本人そのものではありません。単に片割れというか、似像というか、そういうものです。幽霊とは、肉体の死後、地上に残されたエーテル体の部分です。これは長期にわたり地縛となることがありますが、一般には肉体と共に分解するのが普通です。

次に、幽体は、情緒・感情の記録係で、これも肉体に滲透しています。人間は常にエーテル体と幽体の中で生きているわけです。これを通じて、苦と楽、愛と憎、恐怖と希望など、感覚と感情のすべてを体感するわけです。肉体は単に外衣にすぎません。肉体を離脱すると、人は更に内部の媒体によって生き続けるわけです。変わらぬ同一の人物として、変わらぬそれまでもっていた媒体で――ですから、死の関門を通過しても何の恐怖もないし、また奇異の感じも殆どないわけです。

幽界（これは「土類」の系統とも言える、但しはるかに精妙）、この幽界の彼方に、霊体をまとって生きる人達の住む霊界があります（この霊体も、現に地上の人間にも具わっているものです）。さて、漸く高級我・天使的・天上的媒体について述べる段階になりました。これは光り輝いて、その外容、光輝の点ではきわめて美しいものです。人間にはみなこれが具わっています、ただ未発達ではありますが。これは幾多の生（まさに無数の生）を経過して開発され、霊の宮となるものです。

此処、この精妙な国には、天使達、聖者達、あらゆる時代の完成された魂達が住んでいます。まさにこれら魂達は、世の苦難を乗り越えて、愛の神法と一つに調和した者達です。

皆さんの中には、このように言う人がいます、「我々の希望は、現在と同じ生活を続けること、天国とやらへは行く気はない。今と同じ物たちに囲まれ生きること、これが幸福なのだ」と。

しかし、心中には、誰しももっと良い世界を望んでいるのです。皆さんは、時により、ふとこの霊界に懐かしさを覚えることがあるでしょう。それは此処が皆さんの本当の家だからです。皆さんはこの霊界から、肉の世界へ来たのです。肉に閉じ込められ、肉から自らを解放するまでです。直感が貴方に教えます、自分は地上よりもっと美しい国から来たのだ、ある目的とあるもくろみによって、その我が人生の絵図面は、この世の造り主が握っておいでのようだと。皆さんは、入学のため地上に来た子供のようです。その記憶は薄れはしたが、心の奥で、貴方の魂は、自分が地上に修練のために、知識を学ぶために来たことを知っています。日常生活はうっとうしく、身体はだるくても、それは魂を刺戟するための拘束なのです。これによって貴方の魂の目は開かれます。目が開くとき、貴方は初めて、物質生活の軛《くびき》から解放されます。解放といっても、死のことを言っているのではありません。死は必ずしもその軛から解放してはくれませんから。努力、そうです努力によってのみ、人は低い我《が》のとらわれから自由になります。その時、皆さんは天国へ、平和と清浄と美と歓びの国へと入れるわけです。

私の巡礼の長旅に、私を助けてくれる者はいるのかと、皆さんは尋ねます。居ます。貴方専属の一人の師が、守護霊が、幾多の貴方の生を通じて、ずっと傍についています。勿論、貴方には沢山の助力者がいます。それはそれぞれ特定の場合の助力霊です。これを守護霊と呼んだりしますが、間違いです。貴方がもし守護霊の声に耳を傾けようとするなら、助力霊よりも高い境域から来て、守護霊は貴方の高級我の声を通じて語りかけます。高級我の声とは、貴方の意識のことです。それは時として、神の声と呼ばれることがあります。

　何事も終わりの日に正義となる、何事も正義に非ざるものなく、そうならないものは一つもない、しからば何を恐れるのか。人は幾多の艱難をなめます。それにも拘らず、人は幸せであり得ます。ただそれは、その艱難を人がどう受けとめるかによります。人が神の意に従うとき、そこに内的平和があり、信じがたいほどの歓びがあります。その時、人は必ず目に見えない者達からの、手をつくした助力を受けます。彼等は常に貴方に祝福と補償をもたらそうと待っています。人は苦しみを通じ、いろいろ学ばねばならないとしても、その報い、助力、賜物はちゃんと受けられるようになっているのです。

彼等助力霊は見落とすことはないし、必ず助力を与えてくれます。しかし、これには限度があります。そこに波長の問題、調和・同調の問題があるわけです。皆さんの波長は緩慢、これを高めねばなりません――霊の側に同調できるところまで高める必要があります。つまりこの事は単純にして明白なことですが――実際問題となると、深遠にして困難な点があります。霊の側では、ひたすら手を差し伸べつづけています、何処かで皆さんに同調できるだろうとして。

どうか、皆さんが、低い肉体我のとらわれから解放されるように。どうか、平和と清浄と美と歓喜の天に入り、高い世界と結びつつ、祝福を手に出来ますように。

天に至る道

天界と接触する強力な道は、睡眠です。このことは前にも言いましたが、多数の人がこれをやっています。皆さんは、夢はこんがらかって、意味がなく無価値だと申します。勿論、夢にはいろいろありまして、身体的原因によるつまらぬものもあります。しかし、真実のはっきりした夢もあります。後に深い印象を残す夢——これは明け方みる夢の中にしばしばあります。

皆さんは、この睡眠経験のための準備をせねばなりません。これはまた、霊能、高級霊力のための準備にもなります。先ず肝要なことは、熱烈な希求ですね。それはまた祈りということでもあります。祈りと申しても、口先の祈りでなく、心からの祈りです。これで貴方は、上方へ、神の方へと向かいます。しばしば言及したことですが、地上の人間が、もし霊と交通したければ、少なくとも半ばまでは人間の方から近付かねばなりません。

第二は呼吸の問題です。呼吸と申しても、光明、即ち神の生命の意識的吸入、また、人類へ向かっての愛の意識的排気です。

古歌にこう言っています、〈吾に来て、神の息を呼吸せよ〉と。神気を吸いなさい。神の愛を吐きなさい。神の恵みをすべての人の生命に向かって吐きかけなさい。

この呼吸をリズミカルに実施すれば、その影響は身体をこえて作用します。これを霊視してみると、神気を十分に吸入している人は、その魂を強化しており、また、魂から多大の光明が発射されつつあります。人間には神霊の力が内在しているので、光の矢を、外へ、無限の彼方にまで投射できるのです。神愛の働きのあるところ、別に霊が分離してそうなるわけではありません。その象徴として、ギリシア・エジプトの秘義では、巨大な翼をもった円が使用されました。また、スフィンクスの翼も、魂の飛行力を示すものです。人間は、自らそうするのでなければ、その霊力の飛翔をとどめるものはありません。ですから皆さんは、その背に翼を持っていると思いなさい。太陽・神霊を象徴する翼ある円にとりかこまれていると思いなさい。人間の内部には、黄金の太陽である霊が宿っているのです。その霊こそ、翼に乗り超常の世界に参入できるものです。一人の例外もなく、皆さんはこの空とぶ力の所有者です――ほどなくその所有者となる人達です。

先ず、渇仰の思いをもちなさい。第二に、祈りと正しい呼吸、そして神に身を委ねなさい。更に何が必要か？　それは清らかな心静かな日常生活を守ること。と申しても、真面目くさって尤もらしい顔になれ、と言うのではありません。それは地上の重苦しさに自分を釘付けにすることですからね。心のどかに平静に、そして、心の中に歌を、顔には笑みをもつように。霊師たちは、いつも生きたユーモアと、愛の笑みを絶やしません。

私共は生活の楽しみ、生活の満足をすすめます。但し、人には静寂を守るべき時があります。それは高い世界との交通、そこの諸霊との交通の時です。諸霊の波長は極めて精妙で、神経組織とかかわりをもつ幽体を通じて働きます。これとの交流を阻害するのは、騒音と不和です。

霊的世界と睡眠中の意識的交通がしたければ、私共が教えたようにおやりなさい。と申しても、余りがむしゃらではいけません。何事も調和が大切です。人間には「神意」と申してもよい力が内に具わっています。これが皆さんを高い世界へ向かわせる動力です。人は自分の霊智に応じた霊的世界へ連れて行かれます。其処で、教訓と活力を受け、また再会の境で旧友に会ったりします。恐らく、学習の殿堂へ連れて行かれるでしょう。それは広大な建築群でして、美しい柱がドーム型の屋根を支えています。壁は映画のスクリーンのようで、はるかな過去世からの、その人の過去の生活や出来事を映し出します。この映像が自分にどんなプラスとなるか、見たらすぐその意味が知りたくなります。それにより人は学び、魂の刺戟を受け、古代の知恵の記憶が戻って来て、将来の仕事の助けとなります。その魂が過去に経験したものが、その魂の未来を形づくるからです。

ただ、ここで一言警告します。以上の事を利己的な目的で、また好奇心でやってはいけません。それは危険です。心に愛があるなら、霊力の開発は、人のため役立つようにやる筈です。利己主義は大きな障害です。

人生の鍵は愛、奉仕です。神と人に奉仕し、これを愛するにつれ、人は光を放射します。貴方の前には、無限の進歩の道程があります。重荷を下ろしてはいけない、霊的進歩の巡礼者となり、ただ前進あるのみです。

三章　追想の日に

（本章は「国民記念日」の談話である）

本日、皆さんは、二つの大戦の戦死者の上に思いをはせておられる。戦場で死んだ者はどうなるのか、これが今日、大多数の皆さんの関心事です。皆さん、肉体とは外套です。その外套が銃弾をうけ、水に沈み、あるいは焼失したのです。外套ですから痛くも痒くも感じません。お分かりでしょう。本人自身も、同じく痛みを感じておりません、その時、本人は外套の中にいなかったのですから。その瞬間、霊魂は、肉体から外へ引き出されるのです。それは恰も、霊魂が肉体の受難を意識しないよう、幕がサッと降ろされる、そんな具合です。ですから死とは、その状況がどうであっても、一つの美しい出来事なのです。心は、あるいは、死や苦痛について怖れをもっていたかもしれません。しかし、実際に死が起これば、恐怖は何もありません。魂はただ大きな安らぎ……神を思うだけです。これは大多数の者の死の場合です。人が大きな危険に遭遇した時、死に臨んだ時、ふと神を真剣に思わないでしょうか。神は誰ひとり見捨てられることはありません。死の瞬間というものは、誰にも判ったり感じられたりするものではありません。中には戦死者が自分の死に気付くことがあるかもしれません。その時、肉体から自分は離れているのです――傷をうけた肉体が倒れるのを見ることさえあるかもしれません――しかし、本人には何の変化も起こりません。ある者がやって来て、彼等をある場所へ連れて行きます。彼等は其処で休息し、元気を回復します。それは極めて自然な形で行なわれます。万事が自然であり正常であり、平和的です。戦死者達は身内から切り離されたわけではないのです。夜、睡眠の中で、身内の者達が彼等を訪れることがしばしばあります。

死を歎く人達は、死後起こることについて何も知らないのです、気の毒なことです。彼等は通信を受けるでなし、死者達が身近に居ることに気付いてもいないし、ただただ突然の死――その思いの外に何もないのです。彼等はバイブルを正しく読んでいません。そのため、顕幽両界に心理的な遮断幕を降ろしているのです。また、ある者達は死後生存を信じても、死んだら地上から永久に去ると思い込んでいます。彼等はこう申します、「愛する者は私から去った。もう二度と私は霊界に行った彼を見ることはない。霊魂となり、他界で無限の進歩を重ねて、私から遠ざかる」と。

事実を皆さんにお話したい。これまで何度も申したことだが、真の愛情のあるところ、別離はありません。愛はすべてのものを一つに結び付けるものだからです。彼等の魂があるレベルにまで達すると〈聖者の融合〉が現実の事となって実現します。

人間の魂は、いわば大海の一滴、砂漠の砂の一粒です。各々が個であり、単位です。しかし、集まって一つの全体ともなります。多くの人は、霊的に進歩したら、神の中に個性を失うのではないかと、恐れています。しかし、これは間違いです。神は皆さんを、その息子、その娘として、即ち、永遠の神の子として創られました。即ち、皆さんは神の部分です。しかし、皆さんには、個としての霊が与えられています。従って、皆さんが神と一つに融合しても、個であることに変わりなく、個性を失うことはありません。

何事も、物質的な考えを先に出してはいけません。先ず、神の国を求めなさい。心はいつも神の国を希求しなさい。目が覚めたら先ず神を思いなさい。神を求め、神の世界の美を願いなさい。その時、人は一つの目的に向かって生きているのです。その時、人は無限の生命との融合、神との一体化の、究極のゴールに向かって進んでいるのです。しかしながら、人は常に自己自身です。即ち人間は個性的生命を与えられているからです。それにも拘らず、貴方が我《が》を捨てることを知り、神との一体化を承認する時、至福があります。これ即ち、聖者等との融合に参与するに至る道です。

特別な時、たとえば今日のような記念日には、霊魂が大挙して地上に戻ります。それは、地上の人達が彼等を思い、愛を投げかけるからです。地上の人の方で、祈ったり、思いを親しい死者の方へ向けさえすれば、門は開かれ、彼等は帰って来ます。彼等は大きな集団となり、愛する者達のもとへ帰って来ます。そうして、彼等が知り得た真理や光明の一半をもたらしてくれます。これが門が開かれる理由です。ここで、皆さんに憶えておいて貰いたいこと、人は死んでからでなければ、霊の世界へ自由に行けないとか、霊界居住者の生活を知り得ないとか、決してそういうことではないということです。

特に、近親者や愛する者を亡くした人達に申したいのですが、死者達は、皆さんが生前知っていたままの彼等です。個性は少しも変わっていません。彼等は依然として、貴方の父であり、息子であり、兄弟姉妹であり、夫であり妻です。変わらないだけではありません、彼等は更に幸福そうです。それは地上の心配、悩み事、患いから解放されているからです。皆さんが、魂の中で、彼等と結ばれており、身近にいることを信じ且つ知ってさえいれば、彼等の喜びはいっそう増します。魂の中で、精神の中で、彼等に語りかけ、生きている者として彼等に接しなさい。

老婆心から申せば、貴方が苦しむのは、みんな貴方が招いたことです。身内を失って歎いているのに、そんな馬鹿な、と思われるでしょう。勿論、身内を亡くしたのは貴方のせいではありません。問題は、貴方の苦しみですね。それは貴方の心のもち方から結果したことです。もし貴方が、地上のモヤの彼方にまでとどく力を開いていたら、死者は死んだのではないと判った筈です。すべて生命は一つである、この事を知る者には、魂と魂の交流の道が常に開かれています。故に、神を愛しなさい。神は愛そのものであり、貴方を愛するものは神であり、故に神において死は存在しない、豊饒な生のみがある、この事を知るまで神を愛しなさい。貴方の愛する者はこの愛の中に生きています、同じく、貴方の霊の中にもです。死者は貴方と共に居ます、去ったのでも、死んだのでもありません。

死者を、死者と、決して考えないように。素敵な地で、以前にもまして、豊かに生きていると考えなさい。ウツラウツラしているなどと思わないように。怠惰に、彼等は生き甲斐を感じません。心のおもむくところ、彼等は活動し、活動に心の充足を求めています。

日々の経験は、すべて人を鍛練し、教訓を与えるためにあるのです、かりに辛い経験であってもです。喜びは、苦しみの後に初めて生まれます。賢い人なら判っていることですが、悲劇によって一家に死別があっても、そこには、隠れた英智がこめられており、その死は終局において、多くの人に実りを与えるということ。

賢者は死者を歎かず、生者についても悲しみません。英智と愛の神は、すべての被造物に心を配り、救いを与えるものであることを、彼等がよく承知しているからです。うちひしがれた心に、何と言って語ればよろしいやら、神の愛と、神の美と、神の無辺の平和を判って貰うためには。

四章　正しい霊交

霊界の子供達

幼児や嬰児は死ぬと、その後どうなるのだろうか？　先ずもって心にとめて貰いたいことは、その子の死とは、単に身体上のことだけ、ということです。他界に際し、死の天使が傍に付き添います。そうして、魂を眠らせ、優しくいたわりつつ地上から離します。子供は他界で目を覚まします。傍には聖母霊が付き添っています。子供はその優しい雰囲気に包まれ、いささかの怖れも感じません。

前もって、その子の気質に応じた準備がなされています。しばしば祖母のような身内が（あるいは、睡眠中のその子の母親が）つれて来られ、その子の好きな玩具の複製が与えられ、子供の気をまぎらせます。

子供の方では、地上で何かを失ったような痛みは何も感じないでしょう。というのは、彼等は霊界をほんのしばらく留守にして、今戻って来た、そんな感じだからです。彼等にとり、死とは、まだ記憶も新たな愛する処への帰来なのです。もちろん地上の新しい両親の記憶はまだ残ってはいますが。子供達はたちまち其処の楽しい生活に馴れていきます。子供達は美しい郊外の家に住み、楽しい遊びにふけり、数々の楽しみにひたります。成長すると、学校に行きます。彼等の行くところ、すべて神愛の気に満たされていて、何も気遣うものはありません。彼等は楽しく学びながら、次第に他界について知るようになります。また、他界に沢山いる妖精と友達になります。勿論、地上から他界に移って来る子供達ともみんな友人となります。

なお、子供達は両親とも依然として親密な関係にあるのです。両親の睡眠中にしばしば両親と会っています。両親の方では目覚めると夢を忘れてしまい、いっこうに子供と逢った田園の、あるいは海辺や湖畔の、その家を思い出せないのです。

他界で、子供達はすみやかに成長します。霊魂の時間と人間の時間とでは比較のしようがありません。子供を失った者達は、可愛い姿のままに憶えています。従って、時が来て他界し、やがて再会しますが、その時子供達は見間違えられぬよう、しばらくのあいだ元の子供の姿をとります。

また、他界には動物達もいます。動物も死後生存するのです。彼等は思いのまま動物生活の喜びを満喫しています。もはやうち殺されることはありません。その生活の仕方は生前と全く同じものですが、あらゆる点で、ずっと美しく良いものになっています。彼等は飼い主や親しくした者達のことをよく覚えていて、その到来を待ちうけています。

真の証拠と真理

証拠を求める者に対して、私共はきまった答えしか致しません。それは、いつか、死後生存の確証を示せと、私共に迫った者に答えたのと同じ答えです。私共はその者に求めました、死後に生命はないという証拠を示しなさいと。その者は出来ませんでした。誰しも事実をまげて論証することは出来ないからです。しかし逆に、死後生存の証拠を手にした者は何千何万といるのです。また、立証というからには、一つの出来事、一片の事実だけでは駄目です。心霊現象なら、私共はたちどころに素晴らしいものを作ってお目にかけられます。しかし、それをもって、貴方自身が死後存続する確証とはならないのではないですか。

真理とは、人間の内にある神の黙示です。不死の唯一の真実の不変の立証は、人間内奥の霊に示される黙示であって、外的な事ではないのです。この内的黙示に触れれば、人は、ある事に関しては、揺るぎない確信をもちます。しかし、この事を他者に証明してみせようとすると、たちまち困難にぶち当たります。人は内的確証として、もの事を立証出来るのです。それは内在の神が真理を知っているからです。同様に、各人内在の神は、兄弟である他者に内在する神、真理を承認するに違いありません。

それ故に、死後生存の証拠を求める者に対して私共は申します、内心の光に従いなさいと。つまり啓示を求めよ、そうすれば、夜の次に昼が必ず来るように、人は自己にとり絶対の立証となる経験を積んでいくことになります。

霊交

他界した霊魂は、霊媒を通じて通信できるのか、皆さんはこの点について知りたいと思っておられる。たしかに、この方法で通信は可能です。しかし、完全な条件はなかなか出来にくいので、必ずしも確実な方法とは申しかねる。それにも拘らず、この方法は顕幽両界の者に喜ばれています。特に死後日の浅い者にとってはなお更です。従って、この方法がいけないとか、間違いだとか申すべきではないでしょう。

霊媒による霊交を望んでいる皆さんに、私共は申したい、自分自身の受信力を増進させなさいと。私共は時々がっかりするのですが、霊の側で一生懸命通信の努力をしても、相手の方がいっこうに鈍感で困ることがあります。

皆さんはこう言う、「私達は、文字を正確に、意味を明瞭に受信したいと思っているのです」と。しかし、霊の方では、必ずしも文字も意味も正確明瞭にとは思っていません。それは、皆さんの理解力が不満だというのではなく、皆さんに天与の能力を使って貰いたいと思っているからです。霊の側は、通信の一端を皆さんの方で分担して貰いたいと思っています。霊界通信は顕幽両界に架けられる橋です。そこに双方からの努力がなければ、通信は決してうまくいきません。従って、霊の側で努力すると共に、皆さんの方でも、架橋のための責任を負って貰わねばなりません。

霊魂から皆さんへの通信は、エーテル体を通じて行ないます。エーテル体は神経組織に関係をもっており、また事実、そこに滲透しております。霊媒は一本の張られた絃、敏感な道具です。通信に際し、霊媒の全神経組織はピンと張られます。

これまで、多くの人が霊界通信器を発明しようとしました。霊媒を使わないですむようにです。通信器を使えば、もっと信頼できる通信が可能だと考えているのです。私共は左様には考えません。顕幽両界の交通は、常に、人間の超感覚器官の程度に依存しているのです。これが私共の考え方です。

私共は霊媒による通信を「外来通信」と呼びますが、これには種々の形式があります。霊言・精神感応・直接談話・自動書記などです。これらの方法で真正の良い通信は得られるし、現に沢山来ております。ただ心得て頂きたいことは、この通信は必ずしも霊魂から直接来るのではないということです。

それは潜在意識から来るのです。ないしは、霊言の一部と精神感応の場合は、「オーラ読み取り」の形をとります。と申しても、それ故に真正の良い通信は不可能だというのではありません。ただ、これらの通信形式には、信頼性を欠く要素がいろいろあるということです。時により、通信は極めて明晰なこともありますが、時には混乱してぼやけてしまうことがあります。霊媒の方に、或る種の資格が必要なのです。たとえば、神に同調する能力、つまり、大神霊の真理・真知・愛に心身ともに委ねる能力、これです。霊媒たる者、精神の統一、真理への希求、我欲の放棄、これが出来ねばなりません。しかし、この事は、普通の人には容易ならぬことです。

そこで、私共の考えを申せば、より安全で賢明な方法は、貴方自身が自分の霊的能力を開くこと——これはいわゆる霊能の意味ではありません——、これにより、貴方が他界と直接交通するようになることです。この場合は、他界の住者が直接貴方に語りかけ、心に受ける直感・確信・通信は、万余の心霊的証拠などその比ではありません。私共が霊交と呼ぶのはこれです。これはエーテル体経由の外来通信を超えた、それ以上のものです。こうして、貴方が霊界に接触する時、貴方は純粋な真理のほど近くまで迫ったことになります。何となれば、霊交は霊感を経由して来るものでなく、心臓のチャクラを通じて届くものだからです。多分、心臓のチャクラの在所はご存知でしょう。これを霊視能力者が見ると、心臓の上に光の輪となって見えます。未発達の人のチャクラは赤く見えます。霊的に進歩した人のチャクラは、純粋で美しく光り輝いていいます。聖者達の画像を見ますと、胸の上に宝石の光が描かれていることがあります。ローマカトリックでは、イエスの絵に燃える焔の心臓を描いて、心臓チャクラに目を向けさせるようにしています。この光の放射を通じて、霊との交信が行なわれるのです。

この霊交では、もはや言葉を必要としません。あえて申せば、心の言語とでも申しますかな。霊から受信する者は、心の奥で受け取り、確信をもちます。この事は人には説明の仕様もありません。それにも拘らず、貴方は絶対の確信により、自分に身近な親しい者と通信したと思うわけです。この通信に言葉の必要はなく、心から心への霊光の流入、相互作用、親和、霊の同調があるだけです。これで貴方は真の霊交に達したのです。

このような内的霊交は、自己統制のよく出来た人にして初めて可能なことです。とは申せ、必ずしも教会や神殿に行って一人になれというのではありません。その人は祈りによって、心を高揚させるかもしれません。しかし、それだけでは未だホンモノの祈りとは申せません。真実の祈りとは、現実に、霊界と人との同調を生じるものです。

当然のことですが、霊交のためには、敏感さと調和のとれた心が大切です。更に、正しく地上生活を生きること、いま此処に在るのは目的があるからだ、この分別をもって生きることが肝要です。もし、人が謙虚で、素朴な信をもち、永遠の愛に確信を抱くなら、純粋な霊交が得られること、間違いありません。

さて、明晰で完全な通信の条件は、心の静寂、沈黙です。外界の静寂だけでなく、内面世界の限りない静寂です。一切の矛盾波乱の彼方に、静寂があります。この静寂の中に、神が居られます。神は一切の形、活動、表現の背後に在り給う。

貴方の内にある光の中心は、貴方一人の中に閉じ込められたものではありません。それは拡がると宇宙にまで達します。貴方が望む諸霊との交通は、これによって可能となるのです。貴方の求める者が、幽界を超え霊界にあるなら、貴方は霊界に至り、その霊と面接します。決して、いま肉体にあるから、物質界に縛り付けられ、物理的法則で支配されていると、思い込んではなりません。人は人間であると共に、神性です。いま肉体の中にありながら、貴方はその肉体と共に、精妙な媒体をもっています。人が天界の光に触れられないと信じる事は大きな間違いです。進歩の過程で、人は旅人となり、真の故郷である天界を訪れる、その仕方を学ばねばなりません。神を愛する者なら洩れなく、其処で、その者のために用意されている栄光を見るのです。

霊との交流の場は、貴方の内部にある宮です。イエスはこれについて語り、各時代の霊師達もすべて、弟子にこれを求めるよう教えました。この霊交で人は生命のパンを食べ、生命の葡萄酒を飲みます。その聖杯は、皆さん、貴方の内部にあります。これはまた宇宙のコップでもあります。辛抱して道を尋ねなさい。尋ねる者は必ずゴールに達し、生命の歓びを手にします。すべて霧は晴れるもの、幸いの王冠は貴方のものです。

五章　光の宮

地上生活中に、人は宮居を建設しています。先ず第一に、日々の食物と呼吸する空気とで肉体をつくります。同時に、日常の欲求・情緒・好みによって幽体を建設します。その思想・想像・祈り・向上心・真我の直観を通じて、霊体を建設しています。秀れた霊視能力者なら、これら諸媒体は、オーラとして見ることが出来ます。幽体は肉体に滲透しつつ、その周りをとり巻いており、色彩をもっています。その色は人により、美しく洗練されたもの、下品で粗野で醜悪なもの、いろいろです。オーラは、人の進歩に応じて美しくなります。幽体に滲透しつつ、霊体の光輝が見えます。そして極めて稀にですが、更に高級なオーラが見えることもあります。

皆さんは、意識を磨き、媒体を美しくして、高い世界に触れるようにせねばなりません。高級の生を思うことなく、希求することもなければ、また、物質のみで満足する生活をするなら、高い世界に触れることは出来ません。高い生との接触には、実に、正しい生活・正しい希求・真正の祈り・そしてあくなき向上心、これらにより媒体を浄化することが必要です。幽体は、高尚な欲求・霊的希求・洗練された好み・万事に美を、これで磨かれます。霊体は、瞑想・想像力・あきることない向上心、これによります。以上で媒体の浄化が出来るわけですが、それができるまで、人は一種の牢屋に住みつづけるわけです。

霊界の上に、「光の宮」があります。魂が再生するのはこの境からです。しかし、地上で奉仕の苦闘生活を終わって後、この境で、長期にわたる至福の生活をつづけることも可能です。其処の滞在期間については格別のきまりはなく、また、地上への再生も強制はされません。しかし終局においては、再生することが生命の法則です。魂がある段階まで成長しますと、目覚めというか、刺戟が起こり、きびすを返して再生する決断をします。それは更に知を磨くこと、また一層の奉仕を地上でするためです。

地上で魂が経験すること、行なうこと、そのすべてがこの光の宮に築かれていきます。人は霊的な修練と発達によってのみ、自己の宮、ないし自己の本体に、つながりをもつようになります。それはこの地上生活中においてもそうです。貴方が瞑想の時、意識は清浄と光に満たされますね。あれが自己の本体との接触です。

人間の魂は、幽体・霊体・本体即ち「光の宮」から成っています。これらを併せたものが魂です。しかしもう一つあります。霊です。魂が自己完成を遂げた時、つまり、地上生活の経験をすべてとり入れた時、その霊はキリスト性を開眼する準備ができたことになります。このキリスト性の開眼、即ち人間内在の霊の開眼、その時がかの驚くべき復活、即ち悟りの時であります。キリスト神霊はみずから人類が新しく生まれ変わる道を開かれました。イエスはこの道を歩み、人類にその道を示し、キリスト人となったのです。イエスは申しました、「私は道である、真理である、生命である」と。

十字架上で処刑されたイエスを崇拝しなければ、人類は救われないと、こう言う人達がいます。あれは間違いです。人間が求めているのは、この外的なキリストではありません。あれは一つの手本であり実例です。人間の真に求めているのは、内的なキリストの発見です。

以上のようにして、光の宮が完成される時、霊は神の如き者となり新しく生まれ変わります。即ち〈清浄無垢の生命の生誕〉、これであります。

キリスト意識

どうしたら、人は、宇宙にあるキリストの生命と力を、自分のものとすることが出来るでしょうか。善人ならば死んでから会える、キリストとはそんな遠い存在ではありません。キリストは、目の前に存在する力であり智です。現に、キリストは貴方の友であり、貴方の兄弟です、もし貴方が望むならばですが。また、キリストは救世主でもあります。と申しても、私共は人間の主イエスのことを言っているのではありません。この地上の生命の始源より存在した、宇宙の神性の光、このキリストのことを申しております。また、キリストは人間の望むところをすべて知りつくしており、みずから人間の姿をとることが出来、またとることもある、あのキリストであります。この光と栄光の存在は、人姿をとり、人類ひとりひとりのすべての問題を知りぬき、貴方の悩み、恐怖、悲しみ、淋しさの限りを知って、貴方の目の前に現われることも出来る、この事実を、決して忘れてはいけません。

今日、人は知的には進歩しました。しかし、英知を欠いています。そのため、心に素朴さと謙虚さを失い、造物主のもつ愛の美しさ、その輝きが理解できません。他日、貴方がイエスの幻を見ることがあるとすれば、それは幻想ではありません。イエスは人類から離れては存在していないのです。彼の魂は大きな使命のために存在していました。即ち、彼は造物主から地上に遣わされていました。それは、キリスト、つまり神霊によって使われるためです。人間であるその口を使い、人々に救済の教えを伝えるためです。

「救済」、それはキリスト神霊の使命を表現するための言葉にすぎません。キリスト霊が人間の内に目覚める時、人は文字どおりその罪より救われるからです。ひとたびキリスト霊が人間の内に目覚めて、人が完全人となる時、人間には、もはや此の世の事は何ものでもなくなります。

人類の救済とはこの意味です。——即ち救済とは、特定の一人の人物を信じることでなく、人間内在のキリスト神霊の目覚め、その愛の働きによるものです。この愛は同胞と戦うことを禁じます、隣人を踏みつけにすることを禁止します。逆に、言葉で行為で、親切や思いやりをすすめます。——日常を神のために、上方の、周りの、また内なる栄光を感じつつ、生きるように奮い立たせます。これが即ちキリストによる救いです。

かつてイエスは弟子達に申しました、聞く耳をもつ者、真理に耳を傾ける心をもつ者達に申しました。「見よ、私は貴方がたに助け主を送ろう」と。またこうも申しました。「もし、私が貴方がたから行かねば」――即ち、私が貴方がたから離れなければ――「貴方達はその助け主に気付かぬだろう」と。皆さん、皆さんの助け主とは、皆さんの心の中にあるキリスト神霊です。しかし、皆さんが見たり触ったりしている外的事物に執着している間は、つまり物質生活にとらわれている間は、貴方がたは、内在のキリスト、即ち皆さんの助け主を受けいれることは出来ません。

心くじけておいでですか。身内の者、愛する者を失い、その者を求めて、外界と物質世界を、探し尋ねておいでですか。貴方は、天は青銅の如く、触れることも出来ぬとお考えですか。立ち上がりなさい。貴方の悲しみ、貴方の求めるものを知りつくしているキリストに向かい、心をこめて直接祈りなさい。その時、天は開かれ、助け主が貴方の心の中に来ます。貴方の視力は開かれ、貴方は愛する者を見るでしょう。その時、貴方には判ります、愛のあるところ、何ものも失うものはないと。それは、貴方に愛があれば、愛において、貴方は結び付けられるからです。別離というものはありません。亡くなった人が、亡くした肉体をもって現われることはありません。しかし、その者は形をちゃんともっています。神はすべての者を肉体によって創っただけでなく、魂の形においても創り給うたからです。

貴方が病気の時、また、貴方の愛する者が病んでいる時、貴方は自分の霊を高めて、キリスト、その輝く存在に触れることも可能です。本当にこれが出来さえすれば、一切の病気も痛みも治癒します。キリスト神霊は医師です。

キリスト神霊はイエスを通じて、これを行なってみせました。この創造主の治癒力は、今も示されつづけております。

貴方は明日のことが気になりますか。行くべき道が分からないのですか。怖くて一歩が踏み出せないのですか。では、輝く存在に目を向けなさい。じっと耐えて、信をもちなさい。いや、信以上のもの——神の英知に全幅の理解をお持ちなさい。怖れも気遣いも無用、神は貴方を愛しており、歩一歩と導き給う。以前、貴方はあれこれ試みたが、道は開かれなかった。終に、いま貴方が霊によって輝く存在に向かう時、貴方は生命の流れに、本道に辿りつくのです。この生命が、いまや貴方を直接導いて行きます。この導く光と愛は常に貴方と共にあることを知らねばなりません。その生活を通じ、死の関門を通っても、去ることはありません。

地上にある皆さん、私共はもう一度、皆さんの意識を、全き愛であり英知であり力であるキリスト神光にまで高めます。心静かに幼児のように素直に、心を上方へ向けなさい。キリスト神霊の輝きにひとり目を向けなさい……その時、貴方は天界の者と共にあります。貴方をとり巻く、多くの、無尽の群れ。沈黙のうちに、大いなる者等と、王の王なる救主との結び……。

心をしかと、勇気をお持ちなされ。――この瞬間より新たに、一切の善を心がけなされ。全心をもって、愛することを心がけなされ。日々の生活に感謝の思いを向けなされ。此の世にあっても来世にあっても、貴方の下には、永遠の手があることを、心から離してはいけません。

第三部　黄金の実り

Golden Harvest

一章　光の道

夜空に目を向ければ、広大な星空の拡がりに目もくらみます。しかし、人は空のほんの外側を見ているにすぎないのです。大空の星の一つといえど、一つの偉大な魂——神と私達は呼びますが——その指揮下にあるのです。神は星々のいのち、その活動をみそなわし給う。この太陽系にある無数のもの、それは神の愛の通路です。それらもまた奉仕に生きることによって、同じ愛と同胞性の真理を表現しています。

一枚の蝶の翅を思ってみられよ。その美しさ、その形の優しさ、その色の多様さ。野の草にも見られる、その花びら、その蕊《しべ》のもつきらめき。顕微鏡でのぞいてみれば、更に更に複雑なその姿に驚き見入るでしょう。しかし、その輝きすら、造化の妙のほんの断片にすぎません。この地上といわず、霊的世界の高みの限り、無辺の輝きが、人の発見を待っています。

人は、それらの高処に至る力を内蔵しています、もし、人が欲望と感情を制して、肉の目の限界を超える道を学ぶなら。人は鈍重な物質を貫いて輝く境域をのぞき見ることすら可能です。神の創造の計画の素晴らしさは、有限の心をもってしてはのぞくことは出来ません。しかし、人がもし霊の目を開き、制約をとり払うなら、その限りではありませんが。人は天界にも入って行けます。自己の、また人類の未来を伺い見ることも可能です。

人の師たること、救世者たること、その資質は限られた少数の人だけのものではありません。神の子はすべて、内にその可能性を秘めています。そして、貴方がたこそその神の子、人の師、救世者たり得る資質をもつものです。貴方には自由意志があります。貴方は霊性の開顕に必要な最高の状況に置かれています。それは貴方が神の偉大な計画の部分だからです。

一粒の種子の中に、やがて花ひらく、花のすべての美が隠されています。種子は土の中に埋められ、おのずから芽を出し、花を開きます。その時初めて人は言います、「何たる妙、一粒の小さな種子から、こんな花を開くとは。人もまたこのように、一粒の種子から、芽を吹き花ひらくものではないか」と。その始源において、人の内部には深く、一粒の霊の種子が播かれています。

それこそ、いつか花開く、神性の人たるべき者の種子。生まれ代わり再生をつづけ、その間幾多の環境を経、経験を積み、人生につきものの誘惑や弱さに打ち克ち、その種子は殻を破って、花をひらき、神性を開顕します。

右の私の言葉をしっかり胸にとどめておきなさい。そうすれば貴方は、日々の生活の中で、勇気と力が湧いてきて、貴方が神から委ねられている使命を果たす者となるでしょう。

力の試練

個人の問題も、人類の問題も、その回答はすべて、神の意に身を委ねるところにあります。即ち、貴方の内在の声、「神の意なさるべし」、これに従うところにです。しかし、人が神の意のままに従うことはなかなかむずかしいことです。人は未だ霊的進歩の途上にあるわけですから。それに、自己の力を過信している場合は、とりわけ難しい事です。

神に仕えようと思う者は、誰しも重荷と試練に耐えねばなりません。それは、貴方が多くの魂の役立つ者となるようにと、神が励ましておられるということ。また、貴方がそれまで十分に磨かれていなかったということ、そうではなかろうか。人は重荷にくじけることだってあります。私達がこう言うのは、試練や失望にあっても、貴方がそれに耐えて光の道を進んで行けるようにと、そのためです。

一つだけ確かな事があります。それは神の不変の愛です。貴方の目に見えていなくても、神は常に貴方と共に居給う。神の愛と英智を固く信じなさい。その時、貴方は迷いから光へ一歩踏み出せます。貴方が試練にあう時、貴方が試練に耐えて立ち上がる時、貴方は光へ向かって確実に一歩を踏み出しています。私共はこれら魂の試みの一つ一つを「小さな悟り」と呼んでいます。それは、人間の霊の目覚めです。この目覚めにより内在の神性が徐々に開顕されていきます。その事は人間の意識を拡大させ、天の神秘をのぞき見ることになります。万巻の書を読み、どんな名言を耳にしても、魂の試練を経なければ、それは単なる知識にすぎず、魂の知、即ち貴方の身についた知恵とはなりません。

魂の試練は四種類あります。それは人間の霊的要素と関係しています。第一は「水」の目覚めです。この試練を経る者は「水」の要素を獲得したわけで、その日以後、感情の統制者となります。第二段階は思考の統制です。真と偽、黒と白、表と裏、高い心か低い心かを見抜く思考の修練です。これは「空」の目覚めで、これを経て心の見分け方を身につけます。次に「火」の目覚め、これは愛の訓練、愛の力の聡明な使い方の修練です。最後は「土」の目覚め、それは低級な心が消え去り、ただ神と同胞に仕える心だけが起こる時、「土」の目覚めに入ったと申します。以上が神性の開顕です。分かりますか。我《が》のとらわれを脱した魂は、もはや肉欲や感情のとりことなることはありません。殺意を抱くこともありません。――つまり地上的な心は真理の殺人者ですからね。試練を経て、鍛錬を経て、神愛に触れ得て、初めて人の知性は神に向かって開かれます。偉大な魂はすべて、その心、柔和に、素朴に、優しく、幼児のようで、その上で高い知性の持ち主となります。神性の開顕は、知性から始まるのでなく、ハートから生まれるものです。

その重荷が重く、苦しくても、目は常に上方の光へ向け、心を神からはなしてはいけません。人は神への信、神力への確信を裏切られることはありません。必ずやその目は開かれ、悲しみと苦しみの意味が分かって喜びに変わります。

ひとたび、この道を踏み出したら、妥協はありません。厳しくあれ、自己に。他人に対してではありません。あれか、これか、それがあるだけです。ひとたび貴方がこの自己統制の道を進む限り、浄化と、奉仕の心と、柔和と、人間的成長とがおのずから芽生えます。良い報いがあるという意味ではありません。それにも拘らず、この道を進む限り、おのずと湧き上がる喜びは地上の理解を越えています。私共は禁欲をすすめてはいません。むしろ、内在の神性を開顕し、肉体を美しいものにせよと申します。肉体も神のものです。神の子である貴方の霊によって、肉体は磨かれ、輝くものになること間違いありません。

真実の鐘を鳴らせ

人は神秘を学べば、何か道が開けると思いがちです。だが、霊的神秘は言葉で魂に伝わるものではありません。それは行為です。貴方がその神秘にふれるための行為によるのです。世のすべての書を読み、知識を知りつくしても、人は依然無力です。それに至る道は唯一つ、日常の貴方の生活如何です。どんなに願い、憧れ、欲求しても無駄です。肝心なのは人類への現実の奉仕です。それがつまらない床掃除であったり、人の嫌がる仕事であったり、好きでもない人のために身を低くして働いたり、愛の手を差し伸べたり——とても普通は出来ない事ですが——、それを、我《が》を殺して、誰に認めて貰えなくても、やりぬくことです。

逆境にあってもくじけず、不正に対しても心を荒立てず、神は愛なるが故に、私が不正に立ち向かうことは、ある嘉《よ》い目的のためなのだと、その信を曲げないことです。

真実であれ、霊的生活の真髄はこれです。絶えず心の真実の鐘を鳴らしなさい。人の魂の打ち鳴らす鐘の音は、高い世界まで伝わるもの、日々の生活はその試練です。心の真実の鐘を鳴らしさえすれば、貴方は、早晩、貴方の内なる神の波長と一つになるでしょう。順調の時は勿論、逆境にあっても失意の時も、何事にあっても真実の鐘を鳴らす誠実な魂は、天国への切符を手にする者です。

真理の発見

常に、心の静穏を保つよう努めなさい。心から争いと恐怖の思いを消しなさい。これは、愛を学ぶにつれ、出来るようになるものです。

師を求めて荒野へ行った、ある新入りの信者の話があります。師はその者を受け入れこう言いました。入門者はすべて、絶えず霊的進歩をめざす強い心構えがなければならないと。この新入りの弟子は、人並み以上にそうした強い願望を持っていました。しかし、唯一つ一番大事なものを欠いていました。つまり神と人類への全き愛です。彼の頭には多くの知識がつまっていましたが、心はほんの少ししか目覚めていなかったのです。

師はその弟子を連れて湖へ行き、水の中に導き入れ、その身体を押さえて、暫時、水中にとどめました。弟子は放されて立ち上がるや、あえぎつつ激しく、ああ怖ろしかったと叫びました。

師は弟子にこう告げました、「お前は、水中で死にもの狂いで空気を求めたな。そのように神を求めるなら、神が見出せる。その時、一切のものがお前の目に見えてくるだろう」と。

神を信じる者は多い。だが、頭で色々な事を知っているだけです。そういう者達は儀式に凝ったりして、廻り道をし、常に神を求めながら、結局は堂々めぐりをしていて、心は一向に進歩がないのです。真理を知る事と、それを体験し自分のものとする事とは別のことです。天国に至る道は唯一つ、心で、愛で、神との一体化で、その外にありません。つまり、神は心の静寂の中に在り給うからです。神を激しく求める者は、内に熱と力を産み、やがて、神と一つになるためには、自分のすべてを捨てねばならぬ、そういう気持ちになるでしょう。真底から神を求め、しんじつに神の無比の愛を知るに至る時、人は神を見、すべての真理を知る者となります。

我らを試みに会わせないで下さい

皆さんは霊的進歩の道を選びました。そこで毎日こう祈っています、「神よ、私を見捨てないで下さい。私がつまずくことのないように、誘惑に会うことがないように。神よ、私に力を、悪魔のささやきにもくじけぬ力をお与え下さい」と。それにも拘らず、貴方がたはつまずき、しばしば悪魔の世俗のささやきに負け、神の道を、愛の道を見捨ててしまいます。

なぜ、魂はこうした誘惑に耐えねばならないのでしょうか。その答えは簡単、試みなくして、人間の内在の神性は花開くことなく、力を強めることもないからです。試みがなければ、人は自己を知ることはありません。唯ぼんやり此の世を生きるだけでしょう。

日毎夜毎、毎時毎分、人は自分を霊的な道から外らせる誘惑に会っています。だから、そのささやきに抗する力をつけねばなりません。内在の神性を花開かせるためにはです。恐らく気付いていないでしょうが、貴方が毎日うける試みは、すべてカルマ（業）の法に基づいています。つまり「人は自分の播いたものを刈り取る」ものだからです。これは神の法であり、また自然の法です。人が自分の土地に種を播き、育てる、その仕方のとおりに種子は育つものです。だから、貴方が考え、語り、行為する、その結果を貴方は刈り取っています。

しかし、何も悪いカルマばかり考える必要はありません。貴方が愛の心を持ち、親切や建設的な気持ちを抱き、また隣人に援助の手を差し伸べる時、貴方は良いカルマの種を播いています。貴方はあの世だけでなく、現世でも、その良い実りを手にすることが出来ます。

貴方の内に宿る神性に気付く事は、何ものにもまさる霊的経験です。それは貴方の霊的諸媒体の浄化に役立ちます。ひるがえって、貴方の肉体の健康にも有効なのです。人間は四六時中、自分の乗る車――つまり肉体・幽体・霊体などの媒体――の浄化をすすめる事が出来ます。それが貴方の未来の、地上生活や他界での生活の有り様を決定します。

生命の幾段階が、神の子である貴方を待ちうけています。盲目ではその美を見ることは出来ず、力がなければその香をかぐことも出来ず、聾ではその妙なる音を聞くことは出来ません。皆さんはそのために霊的感性を、つまり神聖な魂である貴方が乗る車、媒体を磨かねばなりません。その時、貴方は他界の秀れた輝きを見るもの、その国を受け継ぐ者となります。

人間は土くれに包まれています。だから、正しい生、正しい思考、正しい行為によって、霊的法則に従えるようになるまでは、貴方を待ちうけている栄光を見る者とはなりません。

それはいったい、どういう事かというと、要するに、言い訳をするな、「どうせ私は人間、これ以上出来っこない、失敗も仕方がない」と言うな。勿論、失敗はあります。だが努力は出来るでしょう。誘惑に会っても、二度と過ちを犯さないようにと、真剣に祈ることは出来るでしょう。もし、貴方が心の純潔を保ち、幼児のような素朴な愛と信を守り、神の方にしっかり目を向けて、「神よ、私と共に居ませ、私は貴方と共に在ります」と祈るなら、決してつまずくことはありません。

貴方の中に正しいことをする意志を強めなさい。神の意に沿う意志を強めなさい。神の子として生きる強い力を、貴方の中に願い求めなさい。

許しと感謝

昔、東方の賢人達が星の導きで、イエスのもとに至りました。もし貴方がその星に至りたいなら、どうしても胸に温めて貰いたい二つの事があります。

許しと感謝、これです。これが天国の門を開く鍵です。いとも単純な鍵、この教訓を身につけぬ者は、誰一人天国の門をくぐることは出来ません。

イエスは申しました、「私達に背く者を私達が許すように、私達の過ちも許し給え」と。許すことは難しい。しかしどうしても人が学びとらねばならない教訓です。しかし、人が人を許す時、その人もまた人から許されます。これが許しの法です。人のはっきりした過ちを許すことは難しい事ではない、といっても重大な罪科《とが》という意味ではないが。しかし、人生にはとかく、思い違いとか、カッとなる事とか、いろいろあるものです。お互い人間ですから、間違いもあります。だから人間には許しが必要なのです。霊界では、許しは日常の事です。ですから、貴方がたも人の過ちを、その過ちも何の気なしにすることが多いものですから、許してあげなさい。それだけでなく、よく分かっていて犯す過ちも許してあげなさい。貴方の心が許す気持ちをもった時、光明と魂の平和が訪れ、生活は安らかなものに変わります。ですから、はっきりした過ちは勿論、ささいな日常の過ちも許しなさい。貴方が自分でカッとなっている時、その時も人を許しなさい。貴方が人を許すように、人はすべて貴方を許します。神も貴方に祝福を送るでしょう。

第二のことは、感謝です。神への感謝の念を絶やすことのないよう。これが完全な生に至る秘訣です。神への感謝の行ないによって、人は神と道交するものですから。

此の世に生まれたことを神に感謝しなさい。この世に生を享《う》け、そのおかげで貴方は神性発揮に歩一歩近づける、この事に感謝しなさい。決して一日一日をぼんやりと過ごすことのないよう、生活の一つ一つにその意義を学びとるようにして生きなさい。泥まみれになることが人生ではありません。むしろ経験の一つ一つを待ちうけ、貴方の喜びとする、それが人生です。何となれば、経験とは罰でもなく苦でもなく、神法と神から射す霊光の力を、貴方が学ぶための大事な機会ですから。人が苦と呼ぶ、それを双手をもって抱きとめなさい。その苦の中にこそ、甘露と滋味が宿っています。

大切な事は、人生の経験に処する貴方の態度です。貴方の心に神性を目覚めさせるかどうか、その生き方です。

どんなに苦しい事があっても、神の居ますことを忘れてはならない。神は瞬時といえども、貴方を離れることはなく、貴方に勇気と安らぎをもたらすものです。神の愛に心から感謝を捧げなさい。

キリストも申された、「見よ、私は貴方と共にある」と。

二章　ホワイト霊団

地上にも、他界にも、霊師達が居られます。これら諸霊は、更に偉大な霊師達と結んで、宇宙に一大組織を形成しておられ、生命の諸階層で活動しておられます。この組織を大ホワイト霊団と申します。これら霊師達は、過去にさまざまの苦難をなめ、霊性を清められた結果、その輝きが神の使徒にふさわしいホワイト（白色）となられたわけです。霊師たちは、静寂の中に、いつも皆さんを待ちうけて居られる。もし出来ることなら、皆さんの目を開いてあげたいもの、そうすれば、貴方がたもたちどころに霊師達の存在と力に気付く筈です。霊師達は、天界と地上とに起こる一切事象に、常に目を向けられれ、心をくだいておられる。霊師達の心は宇宙精神と一体であり、神と一つです。

人は霊性の進歩につれ、その目からベールが一枚一枚はがれていきます。そのベールが宇宙の広大な霊力の存在を隠している、物質的な目隠しなのです。

地上の良きもの、真実なるもの、美しきものの一切は、このホワイト霊団の手で、もともと開かれ、顕現されたもの。どうか目を開き、意識を高めて、この霊団のもたらす広大無辺のサービスの事を知って頂きたい。肉体というものは、丁度、蓋を閉めた箱のようなものです。しかし、高処を願う貴方の熱意によって、貴方自身は開かれ、太古よりあり、しかも無辺の存在であるこの霊団と、貴方とは結ばれたものとなります。

ですから、現実の生活で、何か途方に暮れることがあったら、どうぞ心を静め、思いを平らかにすればいいのです。じっと沈黙の味方に心を向けなさい。この沈黙の中に、解決を生む力が存在します。

人生をひらく愛

霊師達は、何よりも、皆さんが神に素直に身を委ねることを求める。と申しても、決して貴方の人生を苦労なしにしてやろうとか、目を開き意識を高めるに大切な人生勉強をなしにしてやろうとか、そういう事ではありません。

心に善意をもちなさい。素直になりなさい。すすんで悩みも重荷も、貴方を見守り導いてくれる霊的な愛に委せてしまいなさい。

無私の、援助を求める声があるところ、必ずや我々はそれに応えることが出来ます。他者への奉仕の熱い思いのあるところ、助力をさえぎる何ものもありません。愛によって、貴方ははるかな救いの力を発動する者となります。即ち、貴方の声は天にとどき、その声によって、生命を開く霊力の扉が開かれ、貴方に向かってほとばしります。それは丁度、傷ついた人を癒す血液の流れが、その人へ注がれるようにです。この霊力を呼び起こす方法さえわきまえれば、一切の光明の力は、ただちに貴方を救う力となります。これは、全く合理的な科学的なことです。また宇宙のどこの境域でも同じ事です。しかし、そうなるためには、先ず訓練が必要です。その訓練というのは、絶えざる不屈の神の臨在の体験を重ねる、その成果にあります。

愛の中心となれ

民族間、国家間の誤解や衝突によって、人間の心の平和も、信頼関係も閉ざされています。しかし、地上の人を超える視力でものを見る時、人間は内的には驚くべき成長をとげつつあるのです。宇宙の星々の霊団から、地上に向けて、光明と愛の光線が投射されております。皆さんは、愛について語り合うことがありますね。しかし、高い世界から放射される愛の本当の力や秘密については、殆ど判っていません。そのような愛と光明といつくしみが、絶えず、地上に向けて、闇から光明へ人類を導こうと放射されつづけています。

その宇宙からとどく波動は、結局、人間が万物の愛の中心となって生きることを学ぶようにと、そう伝えています。そうなることは難しい事ではありません。ただ、不断の心がけと努力がありさえすればです。

人間の愛には多くの段階があります。皆さんにはその見分けはつきません。唯、皆さんに出来ることは、自分を愛の中心とすること、たえず一層の経験と修練と向上を求める、その気持ちを常に反省しながら。

心に愛と人への思いやりをもちなさい。物の考え方を善の方へと、建設的な方へと、愛の方へと保ちなさい。これ以上の神と人への奉仕はありません。

親しい者が貴方の傍に居る

無言の友が、貴方の傍に居ます、霊の姿で。彼等は貴方の悩みも喜びも、また、貴方の魂の求めるところも、知りぬいています。

一人っきりと、貴方は思っていても、貴方は一人ではないのです。魂の友、貴方の愛する者は、貴方の傍に立っています。一人と感じるのは、貴方が現実の生活で一人っきりであったり、またそういう意識をもつからです。貴方の霊はそんな枠をのりこえて、愛する者と一つになることが可能なのです。ただ、それには努力が必要です。信頼によって内的にその者と結び付く、日常の心がけが必要です。神の愛に信を置くことが大切です。死によって、肉体同士は別れます。しかし、霊的には何の別離もありません、霊こそが本当の自己なのですから。もし貴方に本当の愛があるなら、友は呼吸よりも近く貴方の傍に居ます、貴方も友も同じ神の分身なのですから。

くだらぬおしゃべりはもう卒業しなさい。魂の沈黙の中に住みなさい。その中にこそ、光の友等の声があり、姿があります。これが出来るようになれば、貴方は人の魂と身体を癒す霊力の通路となりましょう。

三章　静寂をたもて

我意《がい》と神から来る直観とは全く違ったものです。それを見分けるには、先ず何よりも、我《が》を捨てることです。感情的なもの、欲望を去ることです。不統制の感情、これが直観を妨げる大敵です。波立つ水は影をこわし、何も映すことは出来ません。静かな水面は、正しくその影を映します。同じ事です、よく統制された静かな平和な魂には、霊的世界が映ります。これが直観、内面の知です。

神からの使者、天使達は、皆さんを助けるためにやって来て、皆さんの直観を通じて語りかけます。我《が》によって、不遜な思いによって、その通路を閉ざしてはいけません。

静寂を守れ。落ち着け。事は一時に一つの事を心をこめて平静に為されよ。その時、霊力は貴方の浄められた通路を通って注がれるでしょう。心と魂の平和——感情の抑制と統制——ここに進歩の秘訣があります。

何処に導きを求めるか

人生には、時には、どうすることも出来ず困りきってしまう事が起こるものです。道が見つからず、決断がつきません。中には、この悩みの解決を、ある霊魂に訴えて、助けて貰おうとする人がいます。こういう人達は、自分を助けてくれるのは、その霊魂だけと思い込んでいるわけです。だが、それは間違いです。彼が助力を訴える相手の霊は、その霊だけに限りません。彼が目を向けるべき霊は、神です。その人がいつも崇敬を捧げている大神霊であります。

キリストは申しました、「見よ、私は常に貴方と共にある」と。それは限られた時でなく、宗教的儀式の時に限らず、四六時中です。貴方こそは、生命である神の息子であり娘であり、神性をその内に宿した神の子であります。

内在の秘処

人間が地上に生を享けた目的は、神の子である霊、これを外に発揮すること、神性の美を、終局において、物質の上に表現することです。人は心の中の秘処に進み入り、其処に神の子である神性を発見せねばなりません。自己内在の秘密を学びとらねばなりません。私達は、人が物質に過度に目を向けることを求めたりはしません。何よりも、内に深く深く隠れている、物質の背後にある、本当の創造力の秘密を人が求めることを、願っているのです。

〈汝自身〉を、しんじつの自己を、見出しなさい。そのために、次の三点を順にしっかり考えてみなさい。第一、日常のありのままの自分の姿を思う。第二、魂について考える。それは自分が考えているままの魂でよろしい。第三、自己内在の静寂の場を、真我を、発見しようとする。

貴方が内的我《が》に沈潜するとき、外的な我は消えていきます。つまり、内的我が自己を顕わすのです。この内的我が、個性、魂――それ以上の何かです。人が瞑想によって自己を鍛えていくなら、魂の下に静寂の場が、空の、無の場があることを見出すでしょう。更に、この顕在意識の下にある、いわゆる無に触れるとき、人は次第に全なるもの、宇宙生命と結ぶ感じ、神との合一を意識するに至るでしょう。その時、孤独も、暗さも、怖れも消え去ります。もはや愛と極限の喜悦と、全身をひたすそれ以外の何ものも存在しなくなります。

なぜ怖れるか

私共は幽界のモヤを越え、更にたちこめた濃い地上の霧の中へ下って来ます。その時、目に映るのは、いかに多くの災いが恐怖によってひき起こされているか。そうです、目に映るのは、災いの源の多くが恐怖に根ざしているということです。人間の心は、未来の怖れ、明日はどうなるか分からないという不安で一杯です。皆さんは既にお判りと思うが、どんなに困ったこと、心煩わすことがあっても、それは一時のこと。自分が大切な教訓を学ぶための、ほんの仮相にすぎないということ。皆さんは、今、自分が幸せになるための、欠かせない教訓を学ぶために、此処に居ます。それこそ、貴方が比の世を生きぬくための、生きた経験、知恵です。

知恵はまた、人が天界の高処《たかみ》へと近付くにつれ、天からも直接に届きます。貴方が高い天界の知恵の領域へ近付くにつれてです。その知恵がこう教えています、辛い苦しい経験は、もがけばもがくほど、一層辛さ苦しさを増すものと。人が心すべきは、それら焦りや煩いの思いを、横へ置くこと。万事を神の愛に委ね、そこに目を向けること。

心の煩いは、信に立ち、謙虚さの極みから発する素朴な祈りで、神のみ心に触れる時、おのずから消えるものです。

すべて起こる経験を、愛をもって、受け容れなさい。その経験が良いもの悪いもの、何れを問わず、そこから学ぶことを常に求めなさい。日毎、時々刻々、神に心を向け、その光と愛に満たされるようにしなさい。光と愛は人の心臓と脳中枢に金色の光となって注ぎ入り、浄化、癒し、向上、強化、弱かった貴方をゆるぎないものへと変えていきます。

愛、その深い静寂

人が、もし物的生活の奴隷となることを止め、生命の根源へ目を向けるなら、もはや心を煩わす何ものもなく、深い平和が訪れます。どうか内在の神意によって、外的の煩いから離れ、一切生命の核心にある平和と真理を求められるよう。嵐が外に吹き荒れようと、内在の深い平和こそは、一切の力の根源です。そこから、人は必要な導きと支えを常にひき出すのです。

平和は物を動かす力です。平和な心から正しい行為が出てきます。焦った心で考えても、行為しても、出てくるのは混乱と苦痛だけです。ですから、日々の生活の中で、心の平静をたもつよう努めなさい。その時、正しい行為は貴方のものです。正しい行為を行ない、その後、神意が働き始めるのをじっと待ちなさい。

心静かであることを学びなさい。何事も、不信の思いある時、行なってはいけません。ひとすじに、永遠の愛と知恵に思いを致し、そこに心をとどめなさい。

目を生命の根源へ向け、それにより内在の神力を発現させ、それに従いなさい。この力は、真理であり神である深い心の平和に触れる時、誰にでも湧き出るものです。そうすれば、心の煩いなど吹きとんでしまいます。もともと煩いなどある筈がない、それは自分で作って背負っているもの。——誰しもそうなんですよ。

神の平和を、貴方とともに。常につねに神の意志を受けいれ、その示される道に従うよう、心がけなさい。道はこの外にないと、そう心にきめて、幼児のようにその道を歩み、信を神に置きなさい。

不滅の現前

キリスト神霊が貴方と共に在ること、これは疑いない事実なのです。一つの魂といえども、この事実から離れて生きてはいません。キリスト神が誰かの傍を離れるなどありません。しかし貴方の方で世俗の欲や思いを断たねば、貴方はキリストの現前を感じとることはできません。

俗事にまみれる仕事にたずさわる者が、永遠の愛と平和の霊に交感することは難しいことです。しかし、キリストが常に傍に居ることだけは忘れてはいけません。昔ナザレのイエスを通じてキリスト神が現われ給うた時、世俗のゴタゴタの中にあっても、そこに常に平和と静寂があったではありませんか。イエスの弟子達は、この静寂とこの平和を、群衆のまっただ中で求めようとしました。一人きりで神に近づくことは容易なことです。しかし、群衆のひしめく中で、神と共にある者は、偉大でありそして幸せな人です。ですから、世俗の中にあっても、神との交感を保つよう努力しなさい。貴方を神からひき離すもの、光明から貴方を遠ざけるもの、それは貴方自身の思想と感情です。

貴方が神の弟子として、学ばねばならない大事なことがもう一つあります。忍耐です。——物質的な困難に直面した時の、その忍耐です。なかんずく、すべてが神の御手の中にある、一切が良い方に向かい、神に向かって動いている忍耐です。愛であり全知である神が、貴方とすべての人を、その御心の内に抱いておられる、この事を知って、どんな困苦や悩みの中にあっても、きっと辛抱なされよ。

もし、貴方が幸せでありたいと思うなら、毎日触れ合う人に幸せを送りたいと願うなら、霊の静寂を求めなさい。俗なるもの虚偽と、霊なるもの真実とを、見分ける目をもちなさい。

四章　受容

人は自分の思想に無頓着です。それは、他人の目から、自分の思想は隠せると信じきっているからです。しかし、霊界では思想はむき出しです。すべてがあからさまで、誰の目にも、他人の思想は丸見えになっています。もし、地上でもそうだったら、どうでしょう。男も女も、自分の考えていることが、人の肉体を見るように、見えたり聞こえたりしたら。もう、誰も大慌てで、自分の心の統制の仕方を学ぼうとするでしょう。

霊師は心の中を見ます。心の中にあるものが、やがてその人の思想となって現われ、この思想によって、物質世界に物事が形をとっていくからです。ですから、思想を大切に、神の愛に目を向け、思想の純粋を守りなさい。貴方の見るもの聞くもの、常にその正しい意味を汲みとるようにしなさい。絶えず霊的な価値に従って生きるよう努力し、それからはずれた考えにおちこんだり、迷ったりしないよう気を付けなさい。貴方が正しいものを見たら、その正しいものを守り、そのとおり行ないなさい。

ゆめゆめ物質的な事情や思いに惑わされることのないよう。霊的法則というものは、決して人を迷わせ、陥れるものではありません。霊的法則に従いさえすれば、誤ることはありません。しかし、いったん心に決めたら、決してこれを変えない勇気が大切です。

上を仰ぎ、神を見なさい。神の黄金の光を全身に吸収しなさい。神の力は必ずや貴方のものです。

神の意が成就される

事を行なって、その物質的な表面の結果に目を奪われてはいけない。ただ、純粋な愛の発動に心を向けなさい。ほんものと虚偽の見分け方をしっかり学ぶように。起こっている事態の裏に目をやり、神のいのちが働いていることを知る、それが貴方の自然の習慣となるよう、それが大切なことです。神の生命の道のみが、唯一つの真実であります。

人は神に、言葉によっても心をもってしても、何もおねだりすることは出来ません。しかし、神の援助と祝福は、確実に貴方のものです。貴方がもし日々示される、神法に従って生活しさえすればです。もし、人が神の子としての、真実の内的な生命の生活を始めるなら、たちどころにこの霊的大宇宙に、神言にも似た波長が響き渡ります。神に何も請い求めなくても、貴方は一切の必要な嘉いものを引き寄せることになります。これこそ父なる神が貴方に与えたいと願っていた、そのものです。

自分の望むものが実現しなくて、貴方がもし落胆しているなら、それは貴方の方で、神の望み給う道を踏んでいないからです。しかし、落胆は禁物、努力です。誠実な生活です。神の示される道を、それが自分の呼吸になるところまで、やり抜くことです。そういう貴方になりさえすれば、もはや失うものはありません。この生命のあらゆる境域で、貴方を待ちうけている一切の賜物は貴方のものです。

もし、貴方が神や霊に何かを要求することあれば、後悔の種になります。かりにその望みがかなったとしても、そのような願いの終着駅は、挫折であり、苦痛であり、災いです。真実の道、唯一つの道は、神の言葉の意と愛に身を委ねることです。その言葉とは、「汝の思う如く、地にても成さるべし」――地とは、この自己自身である肉体の幕舎です――「天においてそれが成される如く」――天とは至福と調和と愛のある完全の処、そこでは何の遮るものもなく、神の愛からすべての子等へ向かい、一切の賜物が流れ出ている、その天です。

神を待ち望め

人類救済の悲願のあまり、猪突猛進してしまうことがあります。だが、神様は前にも後にも動かせるものではありません。あまり性急に突進すると、痛い目にあったり、動きがとれなくなってしまいます。忍耐と、神を待つ心構えが大切です。聖書にも書いてあるでしょう、主は嘉《よみ》し給う時ありと。物事には時というものがあります。これが霊の法則です。

神の道は徐々で堅実、行動の時と、沈黙の時とがあります。静止の時には待つこと、待つ時には誠意と信をもって耐えること。貴方はやがて報われます、想像と予見をはるかに超えて。その報いたるや、一時のかりそめの喜びに終わる外的出来事でなく、内的自我に起こる変化、世俗の人間には理解できない、常識を超絶した平和と喜び、それが起こるのです。

一切の力の源泉

地上の常識でものを考えてはいけません。自分の生命に枠をはめるようなものの考え方をしてはいけません。人には常に生命力が流入しつつあります。この生命力に枠をはめる考え方をしてはいけないのです。人は折角のこの力を否定的なものの考え方で制限してしまいます。もし人が、思想の波長を神に向けるなら、この生命力の流れは、その人の内でどんどん増殖します。人間の地上生活は甚だ活動的で、それは過剰なほどです。皆さんは、もっと内的生活に、自己内在の霊的生活に、目を向けるようにせねばなりません。人は常に創造しているのです。地上生活の時々刻々を、やがて肉体が活動を止めた時、入って行く自己の内的生活を創造しつつあるのです。

貴方が奉仕に身を捧げている時、貴方の生命力は満ち溢れています。地上の奉仕に必要な一切の力は、霊的世界から貴方の中へと、注ぎ込まれていくのです。イエスも申したではありませんか、明日のことを思い煩うなと。必要な糧はすべて与えられると。「野の百合はいかにして育つかを思え。労せず、紡がざるなり。栄華を極めたるソロモンだに、その服装この花の一つにも及ばざりき」と。

皆さんの地上生活は、余りにも思想の混乱多く、余りにも辛労が多い。更に更に、向かうべきところをしっかりと見つめ、確信と力をもたれるよう。「沈黙の中にこそ、力あるべし」

創造を、破壊にあらず

キリストの思想を実行なされよ。キリストの生活を己がものとなされよ。いやしくも、悪と破壊に目を据えることのないよう。神が創造の日に美を描き給うたように、貴方も心の中に美を創造しながら生きるようになされよ。人が心に描いたものは、他日、他者の心に自らを記します。しかるがゆえに、思想は常に前向きでなければならぬのです。貴方が今日心に描いたもの、そのように貴方は明日なります。人の身体がすこやかならば思想もすこやかに、病んだ身体は病んだ思想のその写しです。これは霊的・科学的な法です。人がもし良い世界を望むなら、先ず自らの心にそれを創りなさい。絶えず前向きの思想をもちつづけなさい。意識の中にいささかもそれを打ち消す思想を寄せつけぬこと。造物主にしかとその波長と思いを向け、「神の息を、吾が上に」と祈りなさい。

神は、アダムの中に、生命の息を吹き込まれました。神はまた貴方の中に、この同じ息を吹き込み給う、もし貴方が心にしかと完全な生命を描くことが出来るなら。その時、貴方はイエスと共にこう言うでしょう、「父と私は一つ」「私は父の中に在り、父は私の中に在る」と。この光明の自覚をしかと肝にとどめなされ。貴方の中にある生命のこの自覚を。この光明を貴方の中に満たし、その光によって世界を輝かされよ。

個としての貴方は至高の価値をもつものです。神が貴方の中に完き働きを示されれば、すべての生命が動かされるからです。人の魂はその一つ一つが神の生命の反映です。しかるが故に、人間の魂は至高の重要性をもつものです。

新しい誕生

ご承知のイエス誕生の物語、イエスが馬小屋の中で、動物のほかに友もなく生まれたというのは、神の子である光の誕生を象徴したものです。つまり悲しみによって、また霊的な要求、時には貧しさによって、つつましく謙遜となった人の心の中に、光明すなわち神の子が誕生するという、このことです。このようにへりくだる時、貧しい馬小屋や鳥籠の中に、魂が招き寄せられます。

鳥籠とは、キリストの神光が誕生する、人間の心のことです。人が傲慢さを捨て、恐怖を去って、素直にまた完全に、神に身を投げかける時、その人の内にキリスト神霊の子が誕生するのです。

貴方がこの産みの苦しみにのたうつ時、淋しさと心の満たされぬ思いで、なぜ、なぜ、何故、と神の愛を問い、その回答を求めている時、心に思い浮かべなさい。人生の事はすべて一事たりとも堅い意味があるのだと。そうして忍耐と謙虚さをもって一切をうけいれなさい。この痛み、この満たされぬ思い、淋しさこそ、貴方の心に神の子である霊を目覚めさせる機縁です。貴方に思いも及ばぬ喜びが生まれようとする、その時が来ているのです。

五章　変容していく力

皆さんは、地上の問題で頭を悩まします。頼れるものは自分一人と思っているから、自分が引き出せる無限の力のあることを忘れているから。その時、私共はただ次のように忠告します、自分の日々の生活に全力を投入しなさいと。これで、貴方は自分の仕事を、無事に神や援助の霊の手に委ねつつ、うまく切り抜けられるのです。いつも皆さんがこのような生き方をし、また霊的法則に従い、常に正しく行為し、考え、語るなら、将来は何の不安もありませ

ん。神は愛と英知です。神法さえ働けば、いわゆる悪は去り、善い事が

現われます。善い事は本当に現われるのです。それはですね、善意の種子を播いたことの、つまり人事に対して愛の法則を適用したことの、自然の結果です。どうか、自分の為すべき物質界の事にベストを尽くされるよう。それと共に、目をしっかりと永遠に完全無欠の存在、完全無欠の生命にすえて離さぬよう。これが神法を発動させ、その成果をやがて手にする道です。それは、独り相撲で得たものと違い、思いもよらぬ願ってもみなかった美事な成果を得る道です。

宇宙の秘密は光の中に在ります。それ故に、先ず何よりも神の国を求める人に、大自然の秘密は開かれます。日々の仕事に励みなさい。しかし、力は自分一人の力だけなどと思わぬように。それでは限界が出てきます。大神霊に、神に目を向けなさい、自己の目指すもの、自己の内在の力の発現を求めつつ。
恐れるな、怠けるな、自分は一人きりと思うな。

生命の泉

人間とは、人生のどんな暗い状況にあっても、これを支配できる王様のようなものです。しかし、人はしばしばその暗い運命に負けてしまいます。それは、暗い運命と闘うために内在している力と光を開く鍵を、使おうとしないからです。この鍵を使う秘訣は、常にゆるぎなく、内在する神光の存在を心にとめることです。

落ち込んだ気持ちになった時、生きることが重荷に思える時、必ず心気一転して、自己内在の生命の泉に目を向けなさい。自分の胸の中に力が存在することを思いなさい。大神霊は――光り輝く太陽である生命の根源は――自ら心をひらき気をとり直す者を、一人として見捨てることなく、その者を高く掲げ給う。貴方がたは皆、自分自身を鎖でつないでいます。その地上の暗い鎖を投げ捨てなさい。自分の本当の姿を見なさい。貴方がたは皆、神である太陽の目もまばゆい黄金の光の息子であり娘達です。

太初《はじめ》の時、太陽人（太陽から来た人）が地上に来て、人類に生命の道を教えました。その時、太陽人の心から発する光が余りに大きく、そのため形姿が拡大して見えました。

貴方にもし、偉人や霊師の放射光が見えるなら、その中心の人型からはるかにはみ出している金色の虹のような光を見ることが出来るでしょう。人間は皆、本質において太陽人です。貴方も、意志と愛と祈りによって、この同じ光を他者に向かい放射することが出来ます。

悪を克服し、残忍な戦争を克服する、正しい道はこれです。太陽は一切の闇をその光の中に吸収しあとかたも残しません。皆さんはこの事を知るものとならねばなりません。

無欲

すべての魂の学ぶべきことの一つは愛です。無私の個人的な愛は美しいものであり、また人生を豊かに幸福にします。ただ、個人的な愛には幅とゆとりが大切です。愛は、力と同じく、釣り合いのとれたものでなければなりません。また堅実で、ある意味では非個人的であることが肝要です。非個人的な愛と申しますと、冷たいと思われがちですが、そうではないのです。非個人的な愛は純粋で、相手をとがめることがありません。それは包括的で、柔軟で、苦痛を伴わない愛です。

貴方の愛に、もし苦しみがあるとすれば、その愛に何かの誤りがあるのです。ですから、苦痛なしに愛することを学びなさい。それにより、人は愛について大切な事を学ぶことになります。難しい？　そうです､地上に在る者にとり､それは難しく思えるでしょう。しかし､地上でこれを学んだ者が受ける報いは､苦闘の実りに価するものです。

「心をつくし、思いをつくし、精神をつくして神を愛しなさい。自分自身のように隣人を愛しなさい。この二つの誡めの上にすべての法がある。」隣人を愛しなさい、神を愛しなさい。一切の利己、我執、所有欲、それを捨てなさい。すべてを他に、惜しみなく与える、その心構えが大切です。それは、一切の必要の意志を捨てよという意味ではなく、所有の欲望が消えるという意味です。愛をひたすら神に集中し、神の輝き・平和・力を、更に更に知ろうと切願する者となること。しかし、愛をもってすべての生きものを抱擁し、神の光の中に入って、神の光を共に分かち合う者となること。神において、一つの生きものも分離することなく、そこには、しかも解放があるのです。

日々これ努め、神の愛にふさわしい者となられるよう、その余の事はさしたることではありません。人間的であれ。心楽しい人間であれ。地上生活からすべての美を汲み取ろうとする者であれ。神の賜物を巧みに活用する者であれ。と申しても、その使い方を間違えて乱用は禁物――同じく、自身の乱用もいけません。要するに、朝目覚めた時、今日起こる事はすべて、神法により自分のためにととのえられたと思い、心して貴方の内在の聖所をしっかり守ることです。また、今日起こる事に自分がどう対処するか、肝心なことはこの事であると深く心に決めること。内に静寂を守り、神を知りなさい。

神愛の精

人間の心身は疲れ易いもの、私共も、地上生活の経験でよく承知しています。物質のもつ鈍重さ、これが人間の中にのしかかっているわけです。しかし、聖者や賢人達は、軽く精妙な波動をもつ進化した身体をもっているので、物質界とエーテル界の間を行き来して生きています。この同じ進化過程が、すべての物質の上に絶えず進行しています。人類は現在、父母なる神に向かい帰って行く上昇の過程にあり、この過程で、濃厚な原子と低い人間的欲望を放散しつつあります。これに応じて、母なる大地は振動速度を速め、その実質の鈍重さを減少しつつあります。

人がキリスト霊の存在に深く瞑想する時、そのエキスを吸入することになります。その精、その香気、そのため身体の波動は高まり、心身の疲労や鈍重さは消散します。貴方が偉大な存在のオーラの端にでも触れれば、疲れなどんでしまいます。私共に言えることはこれだけで、後は、皆さん自身で経験することです。

主を取り巻く群衆の面前で起こった、素晴らしい治癒の出来事を覚えていますか。主に近付くだけで、主のオーラに触れるだけで、病者の魂は見事に活力を取り戻したのです。

私共はいま一度、声をあげて申します。いま世界が待ち望んでいる真理、一つの力は、純粋神聖なるキリスト霊の力であります。皆さんの目には、此の世界は混沌としたものに映っているでしょう。しかし、混沌と災禍の中から、明日のより良い知が生まれます。この真理を皆さんに信じさせる言葉が欲しい。しかし、言葉は必ずしも人に信をもたらす道ではありません。私共はただ皆さんに神愛の精をお分かちする、その努力をするだけです。

神のために働く道は、常に愛、いかなる形をもってしても強制ではありません。人は他者に自分の見解を押し付けてはなりません。その人を愛すること、これがその人に勝つ唯一つの道です。

愛あるところ、分離なし

万物の中に在り、愛であり生命である光、その中に貴方が包まれていると考えなさい。この気持ちさえ持っていれば、死によってひきさかれても、貴方は愛する者と離れることはありません。死はありません。魂には死がないのです。

地上には、物質界の雑多な気散じがあり、心はとかく神から離れます。しかし皆さんが物質界に居るのは、霊的な力を獲得するためです。余の儀ではありません。此処にあって皆さんは、霊的な神意識を身につけるのです。無智や物質のモヤの中から、貴方の人間意識を解き放つ、そのためです。物質界は不調和と貪欲に満ちており、病気と不幸と魂の恐怖がつきものです。しかし、貴方が毎日の心労や些事から自分を解き放ちさえすれば、幸福と平和が生まれるのです。

私共としては、皆さんが日毎に、見えない世界の実在と見えないものの現前に、気付くようになって貰いたい。「霊において分離はない」この言葉のもつ真理を大いに強調しておきたい。しかし、先ず皆さんに理解して頂きたいことは、「霊」この言葉のもつ意味です。霊とは人間内在の神性です。貴方の内部には、神の素晴らしい愛が存在しています。従って、貴方が心の素朴さをもつにつれ、貴方は神のような意識、即ち霊のもつ「一体」、その意識となっていきます。貴方がしんじつに愛をもつ時、貴方はたちまち無限に触れます。無限に触れるが故に、貴方は全一の愛を意識します。そのとき、此の世と他界との間には、もはや何の分離もありません。貴方は一なるもの、そこに到達したが故に、今やすべての力は貴方のものです。その時、貴方は決然と申します、「私と父は一つである」と。かつて大師の中の大師が、こう申したように。

神の息

神の息を、生命の息を吸い、愛の息を吐きなさい。この呼吸のリズムを繰り返し、創造主の生命を内にこめなさい。この生命を貴方の全身に充たし、生を調和と浄化と、高尚なものへと高めなさい。神は天に在って、貴方の思想も、祈りも、長所も弱点もすべてご存知です。また、神は貴方のために一つの事を気遣っておいでです、貴方が早く、神が貴方にかけておいでの愛に気付いてくれるようにと。神は貴方が苦しんだり、不幸になるのを望んではおられない。唯、貴方が早く神を知り、神の力を知り、それによって幸福になるようにと望んでおいでです。神とは、智も愛も形もない、宇宙の力のようなものと考えてはなりません。神はやはり形をとり、人の前に出現されます。望むなら、皆さんは人生の至るところに、神の姿を見るに違いありません。求めよ、さらば見ん。これです。神は、光り輝く姿、霊師の姿、金色の姿、特別にそのような形をとって、皆さんの前に現われたりします。神は貴方を、人間を、みずからの姿に似せて創り給うた。神は全能であり給う。「父が天にあって完全であるように、汝も完全であれ」。毎朝、自分に向かってこう言いなさい、「父は私を完全なものとして創り給うた、だから私は完全である。私は神の愛、私は神の平和」と。眠りに就く前には、その日の最後の思いを神に向け、神に感謝しなさい。河を渡って光の世界へ行こうと、そう考えなさい。寝ても覚めても、内在の聖意に従う、その気持ちを持ちつづけなさい。地上の貴方の不調和なものに目を向けぬよう、貴方を傷つける者、粗野で不実な者に、目を向けることのないよう。上方に目を向けなさい。良いもの、真実なもの、美しいもの、これら神のいのちに頭を向けなさい。神の息吹きを吹き込み、地上に愛を、癒しを、その心を外に向かって発しなさい。神の子である貴方は健全なもの、聖なるものです。ですから、貴方が真実に心から思えば、そのように貴方はなります。

苛立ちの心を、恐怖を、不調和の思いを捨てなさい。神の生命にあって、心静かに生きなさい。

復活と生命

イエス・キリストは人間の弱さを知っており、人間の地上的な心が内在の賜物を切り離すことを知っていました。

もし本当に、人が霊的な生命や力の中で、断固として生きる道を選ぶなら、たちどころに何事も叶わぬことはなくなってしまいます。私共は肉体のもつ誘惑を知っておりますし、また、どんなに人間が地上的な心に引きずり廻されるものかも存じております。それにも拘らず、私共は重ねて申します、「先ず第一に神の国を求めなさい。その余の事はすべて貴方に与えられます」と。不屈の努力、祈り、献身、渇仰により、人は地上的な心の誘惑にうち克つことが出来ます。ですから暫時を、目には見えぬが、輝くこの聖なるホワイト霊団に心を沈潜させて頂きたい。彼等は、過去、大きな苦難を経過して、今やその衣装が雪よりも白くなった諸霊たちです。即ち、彼等は一切の不純が洗い落とされ、地上的なものに勝利を握った者達です。

どんなに貴方の道がけわしくても、日々、神のいのちの輝きを求めなさい。地上的感覚を閉ざし、高い心（いわゆる想像力）によって、神の輝きと力の中に飛び込みなさい。この力と光こそ、自分の本当の生命だと知りなさい。それは貴方の中から流れ出し、一切の悪いものを貴方の身体から消していく、再生の力です。少なくとも、貴方は安全、健全、神聖の先端に立つことが出来ます。後になって、身体の悪い箇所がうずくかもしれません。しかし、気を落としてはいけません。霊的意識の高みに繰り返し達するにつれ、確実にすみやかに、病気は癒されていきます。イエスは申しました、「私は復活であり、生命である」と。しかし、それは自分だけがそうだと言ったのでなく、すべての神の子は復活であり生命だと、申したのです。それは、皆さんの内には神の生命があるからです。その生命は、また天からも皆さんの内に流れ入ります。貴方も、全身全霊をもって「私は復活である、また生命である」と言えるようになります。その時、生命力は内部に湧き起こり、立ち上がり、貴方の霊は宝石箱の中の宝石のように輝きます。「私は道である、私は真理である、私は生命である」イエスがこう言った時、イエスは一個人の人間としてそう言ったのではありません。これを言わせたのは、彼の内部の神です。神が言わせたのです。

私達が此処へ来たのは、皆さんを失意と、恐怖と、生命の貧困から立ち上がらせるためです。その立ち上がる道とは、極めて明白です。祈りと渇仰と愛。

神である黄金色の核心、そこに皆さんの霊力の源泉があります。

六章　愛の勝利

この世には法というものがあって、人間一人一人の生活を正義の秤にかけて、苦痛を与えたり喜びを与えたりしています。この事を知ることは良いこと。不当な苦しみを受けている魂があっても、やがて正当な報いを受け、生きた法の存在を知ることになります。その耐えた苦しみの量は、狂いなく、それだけの喜びとなって返って来ます。何か損をしたように思えても、神は徒《いたずら》にそうなされたのではありません。しかし、皆さんはこう言う、「神は、死によって、私の愛する者を一方的に奪い取って返してくれないではないか」と。

しかし、神は既に皆さんにちゃんと、賜物をさずけています。最後になったら、貴方にも貴方の愛する人にも、その方が良かったと判る賜物を。この賜物を己がものとするために、皆さんは先ず、神の意に自分の意を従わせること、更に此の世に、人間生活の一切をとり仕切る神の正義の法があること、これを知ることです。貴方には既に、神の温かい目もくらむ愛に、心を開く機会がちゃんと与えられています。つまり、貴方が此の世で受ける悲しみも苦しみも、最後には神を見出す機会となる、ということです。

親愛なる皆さん、手を伸ばして、神の御手を握りなさい。……恐れは無用……神は歩一歩貴方を上方へ導き給う。神の道を歩く強固な努力を、それにより、貴方は神の門に入る一切のテストに合格です。

心の平和が皆さんにあるよう。貴方は一人きりではない、この事を心にとめなされ。古い古い霊魂の友等が、貴方の傍に付き添っています。貴方の人生は、目には見えないが、多くの輝く霊魂達によって導かれています。この愛、愛あるところに別離などありません。神の道を歩くかぎり、貴方の人生は満たされ、地上の想像を超えて、はかりしれぬ幸福が貴方を待っています。

偉大な進化の階段

イエスの磔刑は、すべての人間の魂が、進化の過程でたどる一つの経験でした。いま、貴方はそれを内的自我において通過しつつあります。十字架上の磔刑と申しても、それはいろいろの形をとるものですから。

磔刑、この心身の苦痛を伴う経験を耐え忍ぶ者は、知恵と真理を獲得するだけでなく、人類全体に価値ある何かをもたらしているのです。イエスのように、同じ決意と平静さで魂の試練を受ける者は、すべて、全地球の波動を高めるその働きをしているのです。

イエスは磔刑の痛苦の一切を、完ぺきな愛によって耐えました。これが、地上のイニシエーション（進化の階程）、即ち磔刑のもつ核心の霊的意義です。イエスは裏切り者ユダに対し、偉大な愛をもって処しました。我々はすべて、ユダの性の一部をもっています。これにより、しばしば、主即ち内在のキリスト霊を否定し、裏切ります。二つの魂の間にカルマ（業）があるなら、非道をうけた側は、裏切り者を許すべきです。実際には、余りにしばしば仕返しがなされ、恨みはあちらへ行きこちらへ来、繰り返されます。恐らく、幾度かの生を通じて、両者の苦しみは続きます。イエスはユダを許すことにより、ユダのカルマの負い目を解消してやりました。

ゲッセマネの園で、イエスは更に、ペテロの剣で傷ついた兵士を治してやりました。（訳者注――ユダの裏切りで、イエスはゲッセマネの園で捕えられた。この時、弟子ペテロが剣を抜き、従者の一人の耳を切り落とした。イエスは「すべて剣をとる者は剣にて亡びる」と言い、ペテロの剣を収めさせた。イエスはこの敵の従者の傷を癒したのである。）

イエス磔刑の物語は、イエスの大いなる愛を示すものですが、一事が万事これはまた、すべての試練や苦しみを受ける魂が、怒りを捨て、真理と愛に従って、進化の階段を上る時の、その生きた事例です。日常の困難に処する時も、その多数の者が欠いている態度は、ここのところです。低い魂は高慢です、神の意に従うことに怒りを示します。怒りをもつ限り、魂は苦しまねばなりません。ひとたび心が身を低くして、神の意を受け入れるや、苦しみは去ります。

魂の磔刑とは、要するに、低い我の服従であります。神にすべて従うに至った時、魂は一切の試練を終え、欲望を消し、師たるの道に入ったことになります。

地上イニシエーション（訳者注――地上生活で人間が修得すべき進歩の階程）とは、内在のキリスト霊を実践に移すことです。魂が地上生活の一切の欲求や欲望を払いのけ得た時、また、意のままにキリストのハートに直行できる時、魂はこの階段を通過したことになります。この事は貴方の力の及ぬところと、思われますか。そうではないと、私共は貴方に保証します。成る程、貴方は未だ地上イニシエーションを通過できる状況にはなっていないかもしれぬ。しかし、貴方が自己の意志に素直になり、何かの欲望を犠牲にする時、その度に、状況は歩一歩近づきます。貴方が全身をキリストの愛で満たされた思いになる時、また、その愛によって隣人のために生きる時、更に歩一歩と、肉体を超克しつつあるのです。

イエスの全生涯は、人間は内在のキリスト霊により、どれ程までに聖化されるかを示したものです。地上に生をうけた人間の目的とは、内在のキリスト霊により自己を聖化すること、その自己を通じて大地を聖化し、地上物質の波動を高めること、そうして、ついには全地球の聖化を達成すること、そこのところにあります。

桑原《くわはら》 啓善《ひろよし》
(ペンネーム　山波言太郎)(1921 ~ 2013)

詩人、心霊研究家。慶應義塾大学経済学部卒、同旧制大学院で経済史専攻。不可知論者であった学生時代に、心霊研究の迷信を叩こうとして心霊研究に入り、逆にその正しさを知ってスピリチュアリストになる。浅野和三郎氏が創立した「心霊科学研究会」、その後継者脇長生氏の門で心霊研究30年。

1943年学徒出陣で海軍に入り、特攻基地で戦争体験。1982 ~ 84年一人の平和運動(全国各地で自作詩朗読と講演)。1985年「生命の樹」を創立してネオ・スピリチュアリズムを唱導し、でくのぼう革命を遂行。地球の恒久平和活動に入る。1998年「リラ自然音楽研究所」設立。すべての活動を集約し2012年「山波言太郎総合文化財団」設立。

訳書『シルバー・バーチ霊言集』『霊の書』(上)(中)(下)『続・霊訓』『近代スピリチュアリズム百年史』他。著書『人は永遠の生命』『宮沢賢治の霊の世界』『音楽進化論』『人類の最大犯罪は戦争』『日本の言霊が地球を救う』他。詩集『水晶宮』『同年の兵士達へ』『一九九九年のために』『アオミサスロキシン』他。

でくのぼう出版

〈ワンネス・ブックシリーズ〉全６巻　桑原啓善

1

人は永遠の生命　新装版

本当の幸せって、何？

桑原啓善　著

死と死後の世界、霊魂の働きがいかに人間の運命と深くかかわっているかを優しく解説したネオ・スピリチュアリズム入門。神を求める人、人生を生きぬく道を模索する人に最適。

●１２００円＋税　２４０頁

2

神の発見

桑原啓善　著

宗教から科学の時代に移った。だが、科学は物質の中から物神を創り出した。本当の神は貴方の中にいる。大自然界の中に在る。本当の神の発見。

●１１４３円＋税　３４６頁

3

人は神　新装版

桑原啓善　著

人は肉体の衣を着けた神である。この一事を知るために人は地上に生まれた。ネオ・スピリチュアリズムの神髄を語る講話集。

●１２００円＋税　２８８頁

4

ホワイト・イーグル　天使と妖精　新装版

グレース・クック

桑原啓善　訳

宇宙は人間ひとりのためにつくられてはいない。見えない世界の天使や妖精、これらが我々とワンネスになって生命を構築している真実にそろそろ我々の目を向けよう。

●１２００円＋税　２２４頁

5

ワードの「死後の世界」　新装版

J・S・M・ワード　原著

桑原啓善　編著

地獄（死後の世界）を伝えるめずらしい霊界通信。実在する人物が地獄のどん底まで落ちて這い上がった記録。もう一つの人生の指針。

●１２００円＋税　２３２頁

6

ホワイト・イーグル　自己を癒す道　新装版

桑原啓善　訳

身体と魂を癒す神の処方箋。病気は心因に端を発し、その最奥には霊的な始原因がある。永年にわたって版を重ねてきた癒しの名著。

●１２００円＋税　２４８頁　●関連ＣＤ発売中〈朗読・桑原啓善〉

でくのぼう出版

桑原啓善〈ネオ・スピリチュアリズム〉関連書

シルバー・バーチ霊言集
桑原啓善 訳　A・W オースティン 編

神の計画、明日の世界、神法について、信条と真理、他界の生活、再生、死の諸問題等、バーチの霊界通信の神髄が1冊にまとめられた、21世紀のバイブル。
●関連CD発売中〈朗読・桑原啓善〉 ●1400円+税　256頁

霊の書 大いなる世界に 上・中・下（全3巻）
桑原啓善 訳　アラン・カーデック 編

フランスの科学者カーデックが友人の娘を霊媒として受信した霊示。出版以来その発行部数は数知れない。バーチ霊言等と並び称される人間の書・人生の書である。●各 1200円+税　上・下巻 240頁／中巻272頁

ホワイト・イーグル 神への帰還
桑原啓善 訳

あなたの人生を、光に変える、英知のことば。人類を新しい時代へ導く〈霊師〉ホワイト・イーグル。50年にわたるメッセージの真髄を心霊研究の第一人者であり詩人でもある桑原啓善の名訳で贈る。●1200円+税　144頁

近代スピリチュアリズム百年史 その歴史と思想のテキスト
アーネスト・トンプソン 著　桑原啓善 訳

50年前、日本のスピリチュアリズム研究を拓いた基本のテキスト。本書は後篇に「スピリチュアリズム思想の歴史」を収録し、出版された2冊の本を1冊にした。●1500円+税　288頁

ジュリアの音信（新書版）
※通販のみ　桑原啓善 抄訳

W・T・ステッド 著。有名な霊界通信。死後間もないジュリアが、死の直後や死後の世界の様子を語る。そして愛こそ至高の力であることを熱く訴える。死に不安を持つ人に贈って喜ばれる珠玉の書。●767円+税　136頁

シルバー・バーチに聞く
桑原啓善 編著

シルバー・バーチの珠玉の言葉を選りぬき、バーチ研究40年の編者がこれに注釈を付し、バーチと一体となり宇宙と人生の深奥に迫る。「21世紀のバイブル」シルバー・バーチがこれで解る。●971円+税　160頁

ステイントン・モーゼス 続・霊訓
桑原啓善 訳

今、この時代のために――。キリストの再臨を伝えるインペレーター霊団（49名）のメッセージ。自動書記通信の一部と霊言による霊示、およびモーゼス個人の論説をも加える。●1500円+税　240頁

愛で世界が変わる〈ネオ・スピリチュアリズム講話〉
桑原啓善 著

人類の三大迷信①「幸福は物質から得られる」、②「安全は武器で守られる」、③「神は外にいる」――この三大迷信が、人類の政治、経済、教育、宗教の文明を作り、今、地球を破滅に導きつつある。貴方の愛から世界が変わる。●1500円+税　244頁

デクノボーの革命〈ネオ・スピリチュアリズム講話〉
桑原啓善 著

物質至上主義の時代から、人間が霊であり、世界は霊の働きを認めなければ、平和も幸福も科学も成り立たないことが分かる時代、それがアクエリアス新時代。●1500円+税　264頁

ジュリアの音信 人は死なない（絵本版）
山波言太郎 作

青木香・青木加実絵。不朽の霊界通信「ジュリアの音信」が美しい絵本になりました。原作本は新書版『ジュリアの音信』。●CD発売中〈朗読・山波言太郎〉 ●1400円+税　96頁

●全国の書店でお求めいただけます〈発行 でくのぼう出版／発売 星雲社〉 ●お急ぎの場合は、でくのぼう出版まで。送料実費ですぐにお送りします。
☎0467（25）7707　ホームページ https://yamanami-zaidan.jp/dekunobou　●価格は税別の本体価格です。

ホワイト・イーグル霊言集
人類の秘庫を開く

一九八六年　二月　一五日　初版 発行（潮文社）
二〇二〇年　三月　三一日　新装版　第一刷　発行

グレース・クック
訳　者　桑原 啓善
装　幀　桑原 香菜子
発行者　山波言太郎総合文化財団
発行所　でくのぼう出版
神奈川県鎌倉市由比ガ浜 四―四―一一
ＴＥＬ　〇四六七―二五―七七〇七
ホームページ　https://yamanami-zaidan.jp/dekunobou
発売元　株式会社 星雲社（共同出版社・流通責任出版社）
東京都文京区水道 一―三―三〇
ＴＥＬ　〇三―三八六八―三二七五
印刷所　株式会社 シナノ パブリッシング プレス

ISBN978-4-434-27300-1